LIDERANÇA
CONSCIENTE

Dados Internacionais de Catalogação na Publicação (CIP)
(Câmara Brasileira do Livro, SP, Brasil)

Maxwell, John C.
 Liderança consciente : como potencializar seus pontos fortes e se tornar um grande líder / John C. Maxwell ; tradução Cecília Eller. -- São Paulo, SP : Editora Hábito, 2023.

Título original: *Conscious leadership*.
ISBN 978-65-84795-32-7
e- ISBN: 978-65-84795-31-0

 1. Autodesenvolvimento 2. Consciência 3. Liderança 4. Liderança - Aspectos religiosos I. Título.

23-151398   CDD-158.4

Índices para catálogo sistemático:

1. Liderança : Psicologia aplicada 158.4
Tábata Alves da Silva - Bibliotecária - CRB-8/9253

John C. Maxwell

LIDERANÇA CONSCIENTE

Como potencializar seus pontos fortes
e se tornar um grande líder

EDITORA HÁBITO
Avenida Recife, 841 — Jardim Santo Afonso — Guarulhos, SP
CEP 07215-030 — Tel.: 0 xx 11 2397-1019
contato@editorahabito.com.br — www.editorahabito.com.br
 /editorahabito   @editorahabito

■ **LIDERANÇA CONSCIENTE**
©2023, John C. Maxwell
Originalmente publicado em inglês sob o título:
THE SELF-AWARE LEADER: Play to Your Strengths and Unleash Your Team
Published by HarperCollins Leadership, an imprint of HarperCollins Focus LLC.

■ Todos os direitos desta edição em língua portuguesa são reservados e protegidos por Editora Hábito pela Lei 9.610, de 19/02/1998. É proibida a reprodução desta obra por quaisquer meios (físicos, eletrônicos ou digitais), salvo em breves citações, com indicação da fonte.

Todas as citações foram adaptadas segundo o Acordo Ortográfico da Língua Portuguesa, assinado em 1990, em vigor desde janeiro de 2009.

As opiniões expressas nesta obra refletem o ponto de vista de seus autores e não são necessariamente equivalentes às da Editora Hábito ou de sua equipe editorial.

Os nomes das pessoas citadas na obra foram alterados nos casos em que poderia surgir alguma situação embaraçosa.

Todos os grifos são do autor, exceto em indicação contrária.

■ Editora-chefe: Sarah Lucchini
Editoras responsáveis: Eliane Viza B. Barreto e Sarah Lucchini
Tradução: Cecília Eller
Revisão de tradução: Andrea Filatro
Revisão ortográfica e de provas: Eliane Viza B. Barreto e Raquel Fleischner
Coordenadora de design gráfico: Claudia Fatel Lino
Projeto gráfico e diagramação: Vanessa S. Marine
Capa: Thiago Bech

■ **1. edição:** jun. 2023

Esta obra foi composta em *Dashiell Text* e impressa por BMF Gráfica sobre papel *Pollen Natural* 70 g/m² para Editora Hábito.

Sumário

7 AGRADECIMENTOS
9 INTRODUÇÃO

11 **CAPÍTULO 1**
Seja um bom líder de si mesmo

25 **CAPÍTULO 2**
Conheça os seus pontos fortes e trabalhe com eles

39 **CAPÍTULO 3**
Coloque a sua equipe à frente do seu progresso pessoal na carreira

51 **CAPÍTULO 4**
Olhe para dentro de si quando alguém decidir deixar a equipe

63 **CAPÍTULO 5**
Ouça mais, fale menos

75 **CAPÍTULO 6**
Receba críticas com maturidade

89 CAPÍTULO 7
Admita os seus erros e aprenda com eles

101 CAPÍTULO 8
Evite o microgerenciamento e comece a administrar as suas prioridades

115 CAPÍTULO 9
Torne-se o melhor aprendiz do lugar

129 CAPÍTULO 10
Julgue a sua liderança pelo sucesso da sua equipe

145 CAPÍTULO 11
Escolha a rota mais longa que conduz a uma liderança superior

159 CAPÍTULO 12
Dê o devido crédito aos outros pelo seu sucesso

169 CONCLUSÃO
171 BIBLIOGRAFIA

Agradecimentos

GOSTARIA DE EXPRESSAR A MINHA GRATIDÃO AO Charlie Wetzel e ao restante da equipe que me auxiliou na elaboração e publicação deste livro, bem como às pessoas nas minhas organizações que o apoiaram. Todos vocês agregam valor extraordinário à minha vida, permitindo que eu também agregue valor a outros. Juntos, estamos fazendo a diferença!

Introdução

O QUE SABOTA OS ESFORÇOS DE LIDERANÇA, trava o desenvolvimento de boas equipes e atrapalha a carreira dos líderes mais do que qualquer outra coisa? Falta de consciência! Quando os líderes não se enxergam com clareza, desconhecem seus pontos fortes e fracos ou não reconhecem suas interações negativas com os membros da equipe, limitam sua influência e minam a própria eficácia.

Quando converso com os melhores *coaches* empresariais da minha organização, eles me dizem que a falta de consciência é o maior problema que identificam nos líderes que formam. Infelizmente, eles observaram que a falta de consciência é tão comum em meio aos grandes administradores e CEOs quanto entre as posições iniciantes de gerência.

Como saber se você é um líder consciente? Talvez você não consiga saber! Todos os líderes têm algum ponto cego. Se o seu o impedir de se enxergar com clareza, você não perceberá. Então é necessário buscar ajuda. Escrevi este livro para auxiliar você a embarcar em uma jornada de aperfeiçoamento da consciência. Farei perguntas para você refletir, revelarei onde se encontram os pontos cegos mais comuns e apresentarei estratégias de crescimento e mudança. Você se tornará melhor em liderar a si mesmo, ficará mais consciente dos seus pontos fortes e fracos e, o mais importante, melhorará as interações com os membros da sua equipe, o ponto com o maior número de colapsos para os líderes com baixa consciência.

Se você é um líder novato, os capítulos a seguir o ajudarão a iniciar melhor a sua jornada de liderança. Se você já é um líder experiente, este livro o ajudará a ajustar a sintonia fina da sua liderança. É impossível ser um líder com consciência demais. Quanto melhor você conhecer e administrar a si mesmo, mais será capaz de liderar e servir à sua equipe.

CAPÍTULO 1

Seja um bom líder de si mesmo

"A primeira pessoa que devemos examinar somos nós mesmos."

— o Princípio do Espelho de John Maxwell, livro *Vencendo com as pessoas.*

Qual foi o seu maior desafio como líder? Talvez a sua mente se volte para um período problemático na sua organização, um problema particularmente difícil que você precisou enfrentar, ou uma pessoa que o traiu ou causou o fracasso da sua equipe. Mas, se você for honesto até o cerne da questão, reconhecerá que o maior desafio que os líderes enfrentam é liderar a si mesmos.

Sei que esse sempre foi o meu maior desafio como líder. Também acho que isso é verdade para todos os líderes, independentemente de quem liderem ou do que realizem. Às vezes, pensamos em líderes talentosos da história e presumimos que eles tinham tudo sob controle. Contudo, se realmente analisarmos a vida deles, quer estejamos olhando para o rei Davi, George Washington, Mahatma Gandhi ou Martin Luther King Jr., conseguiremos ver que eles lutaram para liderar a si mesmos também. É por isso que eu digo que a pessoa mais difícil de liderar é sempre você mesmo. É como Walt Kelly exclamou na história em quadrinhos *Pogo*: "Encontramos os inimigos, e somos nós mesmos!".[1] É por isso que você precisa se tornar um excelente líder de si mesmo.

O reconhecimento de que é um desafio liderar a mim mesmo traz de volta algumas lembranças dolorosas. Muitos dos meus colapsos de liderança foram colapsos pessoais. Em uma carreira de liderança que se estende por mais de cinco décadas, cometi muitos erros, mas enfrentei apenas quatro grandes crises de liderança. E lamento informar que todas elas foram culpa minha.

A primeira ocorreu em 1970, apenas dois anos depois do meu primeiro cargo oficial de liderança. Após dois anos de trabalho, eu havia conquistado muita gente e muita coisa estava acontecendo. No entanto, um dia eu me dei conta de que a minha organização não tinha direcionamento. Por quê? Porque me faltava a capacidade de priorizar corretamente e dar foco à minha liderança. Eu, um jovem líder, ainda não conseguia entender que o acúmulo de atividades não significa necessariamente uma série de realizações. O resultado foi que os meus liderados, seguindo o meu exemplo, vagaram pelo deserto por um ano e quatro meses. No fim das contas, eu, na verdade, não os conduzi como líder a lugar nenhum.

A crise seguinte aconteceu em 1979. Naquela época, eu me sentia puxado em duas direções opostas. Eu havia sido bem-sucedido na minha segunda posição de liderança, mas também percebi que, se quisesse alcançar um público mais amplo — e sentia que essa era a coisa certa a fazer —, precisava deixar a organização da qual fizera parte ao longo dos doze primeiros

---

1 KELLY, Walt. *Pogo*, "We Have Met the Enemy [...] and He Is Us". Disponível em: https://www.kshs.org/kansapedia/pogo-comic-strip/15641. Acesso em: 19 mar. 2021.

anos da minha carreira. A minha incerteza e as mudanças pessoais com as quais eu estava lidando impactaram negativamente a organização que eu liderava. Perdi o foco, e a minha visão para a organização ficou indistinta. A minha paixão e energia também começaram a diminuir. Líderes que não estão focados não são tão eficazes quanto poderiam ser. Como resultado, deixamos de avançar com eficácia máxima.

A terceira crise ocorreu em 1991, quando eu me encontrava sobrecarregado de trabalho, e a minha vida estava totalmente desequilibrada. Depois de haver liderado a minha organização com sucesso por dez anos, achei que poderia pegar alguns atalhos a fim de facilitar as coisas para mim. Tomei rapidamente três decisões difíceis, uma após a outra, sem fazer a devida pesquisa prévia, nem reservar o tempo necessário para deixar todos na minha organização a par dos desdobramentos dessas escolhas. Que erro! Por causa disso, o pessoal não estava preparado para as decisões e reagiu mal. A confiança que eu havia levado uma década para construir foi minada. Para piorar as coisas, quando as pessoas que questionavam as minhas decisões se recusavam a seguir as minhas iniciativas, eu ficava impaciente. Pensava com raiva: "Qual é o problema com essa gente? Por que eles não 'entendem' e não aderem às mudanças?". Em poucas semanas, percebi que o problema não estava neles, mas em mim. Acabei precisando pedir desculpas a todos por causa da minha atitude.

A quarta crise ocorreu em 2001 e envolveu um funcionário que precisei demitir. Adiei a decisão quando não deveria tê-lo feito, e a minha relutância em tomar essa difícil atitude me custou muito dinheiro e alguns funcionários preciosos. Mais uma vez, eu fui a fonte do problema.

JULGUE POR SI MESMO

Se você quer uma equipe melhor em uma organização melhor que produza resultados melhores, você precisa se tornar um melhor líder de si mesmo. A maioria dos líderes precisa se preocupar menos com a concorrência, porque outras pessoas não são mais bem-sucedidas. Como líderes, muitas vezes atrapalhamos o nosso próprio progresso. Por quê?

Não nos vemos do mesmo jeito que vemos os outros

Os meus anos de aconselhamento a outras pessoas me ensinaram algo importante: as pessoas raramente se enxergam de forma realista. Elas não são conscientes. A natureza humana parece nos dotar da capacidade de fazer uma avaliação adequada de todos no mundo, com exceção de nós mesmos. É por isso que no livro *Vencendo com as pessoas*, da minha autoria, começo com o Princípio do Espelho, que aconselha: "A primeira pessoa que devemos examinar somos nós mesmos".

Se você não se enxergar de maneira realista, nunca entenderá onde se encontram as suas dificuldades pessoais. Você não reconhecerá seus pontos fortes e fracos. Não encontrará nem corrigirá os seus pontos cegos. E, se você não conseguir ver todas essas coisas, não será capaz de liderar a si mesmo com eficácia.

Somos mais duros com os outros do que conosco mesmos

A maioria das pessoas usa dois conjuntos de critérios totalmente diferentes para julgar a si mesmas e aos outros.

Tendemos a julgar os outros de acordo com seus *atos* e *resultados*. Em geral, achamos que as nossas observações são muito objetivas. No entanto, nós nos julgamos pelas nossas *intenções*.

> "A civilização sempre corre risco quando aqueles que nunca aprenderam a obedecer recebem o direito de comandar."
> — Bispo Fulton J. Sheen

Mesmo quando fazemos a coisa errada ou quando os resultados são terríveis, se acreditarmos que as nossas motivações eram boas, nós nos desculpamos. E, muitas vezes, estamos dispostos a fazer isso repetidas vezes antes de exigir que mudemos. Isso não nos torna líderes eficazes.

SEGREDOS PARA LIDERAR MELHOR

A verdade é que, para termos sucesso em qualquer iniciativa, precisamos aprender a desbloquear o nosso próprio caminho. Isso se aplica tanto aos líderes quanto a qualquer outra pessoa. Como há muitos anos sei que liderar a mim mesmo é o meu maior desafio, tomei medidas para me ajudar a melhorar nessa área. Ao praticar as quatro estratégias a seguir, venho tentando liderar bem a mim mesmo como pré-requisito para liderar os outros. Você pode usá-las para ajudar a se tornar um melhor líder de si mesmo.

1. Aprenda a ser liderado

O bispo Fulton J. Sheen observou: "A civilização sempre corre risco quando aqueles que nunca aprenderam a obedecer recebem o direito de comandar". Só um líder que aprendeu bem a ser liderado sabe liderar bem os outros. Uma boa liderança requer a compreensão do mundo em que os liderados vivem.

Conectar-se com as pessoas da sua equipe se torna possível porque você passou por aquilo que elas passam. Você sabe o que significa estar sob autoridade e, portanto, tem uma noção melhor de como a autoridade deve ser exercida. Em contrapartida, os líderes que nunca foram bons liderados, nem jamais se submeteram à autoridade, tendem a ser orgulhosos, desconectados da realidade, rígidos e autocráticos.

Se essas palavras descrevem a sua liderança, você precisa fazer um exame de consciência. Líderes arrogantes raramente são eficazes no longo prazo. Acabam afastando seus liderados, colegas e líderes. Aprenda a se submeter à liderança de outra pessoa e a ser um bom liderado. Assim, você se tornará um líder mais humilde — e mais eficaz também.

2. Desenvolva a autodisciplina

Conta-se que certo dia Frederico, o Grande, da Prússia, caminhava pelos arredores de Berlim quando deparou com um homem muito idoso que andava em linha reta na direção oposta.

— Quem é você? —perguntou Frederico a seu súdito.

— Sou um rei — respondeu o velho.

— Um rei! — gargalhou Frederico. — Sobre qual reino você governa?

— Sobre mim mesmo — respondeu o idoso cheio de orgulho.

Cada um de nós deve se tornar o "monarca" da própria vida. Somos responsáveis por governar as nossas ações e escolhas. Ser consistente na tomada de boas decisões, escolher a ação certa quando necessário e nos abster de ações erradas são práticas que demandam caráter e autodisciplina. Fazer o contrário é perder o controle de nós mesmos — é realizar ou dizer coisas das quais nos arrependemos, perder oportunidades que nos são dadas, afundar-nos em dívidas. Como observou o rei Salomão: "O rico domina sobre o pobre, e o que pede emprestado é servo de quem empresta" (Provérbios 22.7).

> Quando somos tolos, queremos dominar o mundo. Quando somos sábios, queremos dominar a nós mesmos.

Em "Decision of Character" [Determinação de caráter], o ensaísta britânico John Foster escreveu: "Nunca se pode dizer que um homem sem determinação de caráter pertence a si mesmo. Ele pertence a tudo que pode torná-lo cativo". Quando somos tolos, queremos dominar o mundo. Quando somos sábios, queremos dominar a nós mesmos. Tudo começa quando fazemos o que deve ser feito, independentemente de como nos sentimos em relação a isso.

3. Pratique a paciência

Os líderes que conheço tendem a ser impacientes. Eles olham para frente, pensam lá na frente e querem seguir em frente. E isso pode ser bom. Estar um passo à frente faz de você um líder. No entanto, também pode ser ruim. Se você está lá na frente, mas impaciente com a sua equipe, pode se ressentir das pessoas, em vez de incentivá-las a chegar aonde você está. Isso o torna menos eficaz como líder.

Poucas coisas valiosas na vida acontecem rapidamente. Não existe grandeza instantânea nem maturidade instantânea. Estamos acostumados a leite em pó instantâneo, café instantâneo e pipoca de micro-ondas. Mas se tornar líder não é algo que acontece de uma hora para outra. Os líderes instantâneos não têm capacidade de permanência. A liderança é uma proposta muito mais semelhante à técnica de cozimento lento do que via micro-ondas. Leva tempo, mas o resultado faz a espera valer a pena.

Os líderes precisam se lembrar de que o objetivo da liderança não é cruzar a linha de chegada primeiro, mas, sim, levar as pessoas até a linha de chegada *com* você. Por esse motivo, os líderes devem diminuir deliberadamente o ritmo, manter-se conectados à sua equipe, recrutar outros para ajudar a cumprir a visão e manter as pessoas em movimento. Você não conseguirá fazer isso se estiver correndo muito à frente do seu pessoal. Nem se tiver uma atitude negativa em relação ao ritmo deles.

4. Busque a prestação de contas

As pessoas que se lideram conhecem bem um segredo: elas não podem confiar em si mesmas. Os bons líderes sabem que o poder pode ser sedutor e reconhecem a própria falibilidade. Ser líder e negar isso é colocar-se em perigo.

Ao longo dos anos, li sobre muitos líderes que tentaram ser boas pessoas, mas falharam eticamente em sua liderança. Você consegue adivinhar o que a maioria deles tinha em comum? Achavam que isso nunca aconteceria com eles. Nutriam uma falsa sensação de segurança. Achavam-se incapazes de arruinar a própria vida e destruir suas equipes ou organizações.

Aprender isso foi revelador para mim, porque eu compartilhava da mesma atitude. Achava que estava imune a essas possibilidades e, quando percebi que tinha o mesmo ponto cego que esses líderes, fiquei com medo. Naquele momento, tomei duas decisões: primeiro, não vou confiar em mim mesmo. Em segundo lugar, prestarei contas a alguém que não seja eu mesmo. Acredito que essas escolhas me ajudaram a me manter no caminho certo e a ser capaz de liderar a mim mesmo e aos outros.

A falta de prestação de contas na vida pessoal certamente leva a problemas na vida pública. Vimos essa questão repetidas vezes com CEOs de alto nível alguns anos atrás. Um provérbio chinês diz: "Quando vires um homem bom, pensa em imitá-lo; quando vires um homem mau, examina o teu coração".

Muitas pessoas pensam na prestação de contas como estar disposto a explicar suas ações. Acredito, porém, que a prestação de contas efetiva começa *antes* de agirmos. Ela inicia recebendo conselhos de outros.

> "Quando vires um homem bom, pensa em imitá-lo; quando vires um homem mau, examina o teu coração."
>
> — Provérbio chinês

Vários líderes acham isso difícil e, às vezes, sua abertura para conselhos é desenvolvida somente por etapas, à medida que eles se tornam melhores líderes de si mesmos. Muitas vezes, funciona assim:

> Não quero conselhos.
> Não me oponho a conselhos.
> Aceito conselhos.
> Busco conselhos ativamente.
> Sigo com frequência os conselhos que recebo.

A disposição de buscar e aceitar conselhos é um grande indicador de prestação de contas. E de um líder que está amadurecendo e se aperfeiçoando.

Ser um bom líder de si mesmo significa que você cobra de si a manutenção de um padrão de prestação de contas mais elevado do que os outros. Por quê? Porque você é responsável não apenas pelos seus atos, mas também pelas ações das pessoas que lidera. A liderança é um encargo de confiança, não um direito. Por esse motivo, devemos nos "endireitar" antes de exigirmos que outros o façam. Devemos sempre procurar fazer o que é certo, independentemente de quanto subamos ou de quão poderosos nos tornemos. Trata-se de uma luta que nunca superaremos.

Quando Harry S. Truman assumiu a presidência após a morte de Franklin Roosevelt, Sam Rayburn lhe deu alguns conselhos paternais: "Daqui em diante, você viverá cercado por muita gente. Essas pessoas tentarão colocar um muro ao seu redor e isolá-lo de quaisquer ideias que não sejam as delas. Farão questão de lhe dizer que grande homem você é, Harry. Mas você e eu sabemos que não é assim".[2]

> "Nada prova tão conclusivamente a capacidade de uma pessoa para liderar os outros quanto o que ela faz dia após dia para liderar a si mesma."
> — Thomas J. Watson

Recentemente, participei de uma videoconferência com a diretoria de uma organização que precisou intervir e responsabilizar um líder por ações erradas que ele havia cometido. Foi uma experiência triste. Ele provavelmente perderá sua posição de liderança. Já perdeu o respeito da diretoria. Caso tivesse dedicado mais tempo e atenção para liderar melhor a si mesmo, as atitudes tomadas pela diretoria poderiam ter sido evitadas. Após a reunião, pensei comigo mesmo: "Quando o líder não se fiscaliza, as pessoas não o respeitam".

Thomas J. Watson, ex-presidente da IBM, afirmou: "Nada prova tão conclusivamente a capacidade de uma pessoa para liderar os outros quanto o que ela faz dia após dia para liderar a si mesma". Como isso é verdadeiro! O menor grupo que você

---

2 RAYBURN, Sam. Disponível em: https://www.nytimes.com/1973/01/26/archives/the-man-and-his-humor-are-recalled.html. Acesso em: 19 mar. 2021.

liderará é você mesmo, um grupo composto por um único indivíduo. Esse é o indivíduo mais importante que você liderará na vida. Se você desempenhar bem essa tarefa, conquistará o direito de liderar grupos maiores e mais fortes.

* * *

Perguntas de reflexão para o líder consciente

Até que ponto estou disposto a ser honesto comigo mesmo sobre o que preciso mudar para me tornar melhor na autoliderança? Que colega, amigo de confiança ou mentor seria capaz de me revelar como e em que pontos preciso mudar, e estaria disposto a fazê-lo, me aconselhando nesse processo? Vou marcar essa conversa agora?

_____
_____
_____
_____
_____
_____
_____
_____
_____
_____

CAPÍTULO 2

Conheça os seus pontos fortes e trabalhe com base neles

"Descubra o que você faz bem e persista em fazê-lo."

Você consegue se lembrar da primeira lição que aprendeu sobre liderança? Eu me lembro. Veio do meu pai. Ele costumava dizer ao meu irmão, à minha irmã e a mim: "Descubra o que você faz bem e persista em fazê-lo". Não foi um conselho casual. Ele e minha mãe adotaram a missão de nos ajudar a descobrir os nossos pontos fortes e começar a desenvolvê-los antes que tivéssemos idade suficiente para sair de casa e morar sozinhos.

Papai também reforçou esse conselho ao colocá-lo em prática na própria vida. Uma de suas frases favoritas era: "É isso o que eu faço". Ele tinha uma habilidade impressionante de permanecer focado em seus pontos fortes. Isso, somado à sua determinação em terminar o que começava, lhe fez muito bem ao longo de sua carreira e durante a aposentadoria, até o dia de sua morte. Ele persistiu em seus pontos fortes. Essa é uma das razões pelas quais ele sempre foi a maior inspiração para a minha vida.

EM BUSCA DOS PONTOS FORTES

Quando iniciei a minha carreira, estava empenhado em encontrar os meus pontos fortes e trabalhar com base neles. No entanto, fiquei frustrado nos primeiros anos de liderança. Como muitos líderes inexperientes, tentei fazer muitas coisas diferentes para descobrir o que eu sabia fazer bem. Além disso, as expectativas das pessoas sobre o que eu deveria fazer e como eu deveria liderar impactavam as minhas ações, as quais, em consequência, nem sempre correspondiam aos meus pontos fortes. Às vezes, o meu papel e as minhas responsabilidades exigiam que eu executasse tarefas para as quais não possuía talento nem habilidade. Por essa causa, muitas vezes fui ineficaz. Levei vários anos para resolver tudo isso, identificar os meus pontos fortes e então recrutar e capacitar outras pessoas para compensar os meus pontos fracos.

Se você é um jovem líder e ainda não tem certeza de quais são os seus pontos fortes, não desanime. Seja paciente e continue se esforçando nessa direção. Aqui está o que eu aprendi: não importa se você está apenas começando, ou se encontra no auge da sua carreira, quanto mais você conhecer os seus pontos fortes e trabalhar com base neles, mais bem-sucedido será.

DEFINIÇÃO DE SUCESSO PESSOAL

Ouvi muitas definições de sucesso de muitas pessoas diferentes ao longo dos anos. Na verdade, eu mesmo adotei definições diferentes em diferentes fases da minha vida. Nos últimos quinze anos, porém, cheguei a uma definição que penso retratar o que é sucesso para todas as pessoas, independentemente de onde vivam ou do que queiram fazer. Creio que sucesso é:

Conhecer o seu propósito na vida,
Crescer até o seu potencial máximo e
Plantar sementes que beneficiem os outros.

Se você conseguir fazer essas três coisas, será bem-sucedido. No entanto, nenhuma delas é possível se você não conhecer e trabalhar com base nos seus pontos fortes.

Adoro a história de um grupo de meninos de um bairro que fundou o próprio clube e construiu uma sede para o clubinho. Quando os adultos souberam quem havia sido escolhido para qual cargo no clube, ficaram surpresos ao descobrir que um menino de 4 anos fora eleito presidente.

— Esse garoto deve ser um líder nato — observou um dos pais. — Como foi que todos vocês, meninos maiores, votaram nele?

— Bem, pai — respondeu o filho —, ele não tinha condições de ser secretário, pois não sabe ler nem escrever. Não poderia ser tesoureiro, porque não sabe contar. Ele nunca serviria para ser o sargento de armas, porque é pequeno demais para expulsar alguém. Se não o escolhêssemos para nada, ele se sentiria mal. Então nós o nomeamos presidente.

A vida real, é claro, não funciona assim. Bons líderes não se tornam eficazes automaticamente, nem são nomeados por canetada. Eles precisam ser intencionais e trabalhar a partir de seus pontos fortes.

Toda vez que mentoreio pessoas e as ajudo a descobrir seu propósito, sempre as encorajo a começar o processo descobrindo quais são seus pontos fortes, e não

==O propósito de vida das pessoas sempre está ligado aos seus talentos.==

se demorando nas próprias carências. Por quê? Porque o propósito de vida das pessoas sempre está ligado aos seus talentos. É assim que funciona. Você não será chamado para fazer algo se não tiver talento para isso. Você descobrirá o seu propósito ao identificar os seus pontos fortes e persistir neles.

De igual maneira, não é possível atingir o seu potencial máximo se você trabalhar continuamente fora dos seus pontos fortes. O aperfeiçoamento está sempre relacionado à habilidade. Quanto maior for a sua habilidade natural, maior será o seu potencial de melhora. Já conheci pessoas que pensavam que a realização do próprio potencial viria do desenvolvimento de seus pontos fracos. Mas sabe o que acontece quando você gasta todo o seu tempo trabalhando nos seus pontos fracos, sem jamais se dedicar a desenvolver os seus pontos fortes? Caso você realmente se esforce muito, conseguirá, com dificuldade, abrir caminho para a mediocridade! Mas nunca passará disso. Ninguém admira ou recompensa a mediocridade.

A peça final do quebra-cabeça — uma vida que beneficia os outros — sempre depende de darmos o nosso melhor, não o nosso pior. Não é possível mudar o mundo oferecendo apenas sobras ou apenas um desempenho medíocre. Somente o seu melhor agregará valor aos outros e os ajudará a fazer o próprio melhor também.

ENCONTRE OS SEUS PONTOS FORTES

O poeta e lexicógrafo britânico Samuel Johnson afirmou: "Quase todo ser humano desperdiça parte da vida tentando exibir qualidades que não possui". Se você tem uma imagem mental de quais talentos um líder deve demonstrar, mas você não os possui, sentirá dificuldade em encontrar os seus verdadeiros pontos fortes. Você precisa descobrir e desenvolver quem *você* é e trazer para a sua liderança os pontos fortes que você possui. Aqui estão algumas sugestões para ajudar você nesse desafio:

> "Quase todo ser humano desperdiça parte da vida tentando exibir qualidades que não possui."
> — Samuel Johnson

1. Pergunte a si mesmo: "O que eu faço bem?"

As pessoas que alcançam seu potencial passam menos tempo indagando: "O que estou fazendo certo?" e mais tempo perguntando: "O que estou fazendo bem?". A primeira é uma questão moral; a segunda, uma questão de talento. Você sempre deve se esforçar para fazer o que é certo. Mas fazer o que é certo não diz nada sobre os seus talentos. Que aptidões e habilidades você possui que estão muito acima da média? São esses os pontos fortes que você deve desenvolver.

2. Seja específico em relação aos seus pontos fortes

Quando refletimos sobre os nossos pontos fortes, tendemos a pensar de maneira ampla demais. Peter Drucker, o pai da administração moderna, escreveu: "O grande mistério não é que as pessoas façam as coisas mal, mas que ocasionalmente façam algumas coisas bem. A única coisa universal é a incompetência. Um ponto forte é sempre específico! Ninguém jamais comentou, por exemplo, que o grande violinista Jascha Heifetz provavelmente não sabia tocar bem o trompete".

Quanto mais específico você for em relação aos seus pontos fortes, maior a chance de encontrar a sua "zona ideal".

Por que permanecer à margem das suas habilidades, se você tem a oportunidade de estar bem no centro? Quais são os seus pontos fortes dentro dos seus pontos fortes?

3. Dê ouvidos ao que os outros elogiam

Muitas vezes, não damos o devido valor aos nossos talentos. Achamos que, por conseguirmos fazer algo bem, qualquer um consegue fazer também. Na maior parte das vezes, isso não é verdade. Como saber quando você está negligenciando uma habilidade ou um talento? Dê ouvidos ao que os outros dizem. Quando você está trabalhando em áreas de dificuldade, poucas pessoas demonstrarão interesse. Você não receberá elogios. Em contrapartida, os seus pontos fortes chamarão a atenção dos outros e os atrairão para você. Se outros o elogiarem continuamente em determinada área, identifique-a, examine-a e comece a desenvolvê-la.

4. Observe atentamente a concorrência

Não é recomendável ficar o tempo inteiro se comparando com os outros; isso não é saudável. Mas também não vale a pena perder tempo fazendo algo que outros já fazem muito melhor do que você. O ex-CEO da GE, Jack Welch, afirmou: "Se você não tem vantagem competitiva, não concorra".[1] As pessoas não pagam pela média. Se você não tem talento para fazer algo melhor do que os outros, encontre outra coisa para fazer que potencialize as suas habilidades.

Se você não tem certeza de como julgar as próprias habilidades, faça a si mesmo as seguintes perguntas:

---

[1] SHERMAN, Erik. "Think You Know Your Competitive Advantage? Maybe Not", *Inc.com*, 11 de setembro de 2014. Disponível em: https://www.inc.com/erik-sherman/think-you-know-your-competitive-advantage-maybe-not.html.

- Há outras pessoas fazendo o mesmo que eu?
- Elas estão fazendo bem?
- Estão fazendo melhor do que eu?
- Posso me tornar melhor do que elas?
- Se eu melhorar, qual será o resultado?
- Se eu não melhorar, qual será o resultado?

A resposta para a última pergunta é: você perde. Por quê? Porque a sua "concorrência" está trabalhando com base nos pontos fortes dela, e você não está!

O ex-jogador de beisebol Jim Sundberg aconselhou: "Descubra a sua singularidade e, em seguida, discipline-se para desenvolvê-la". É isso que tenho tentado fazer.

Há muitos anos, percebi que um dos meus pontos fortes é a comunicação. As pessoas sempre ficam motivadas quando me ouvem falar. Depois de um tempo, tive muitas oportunidades de falar em eventos com outros palestrantes motivacionais. No começo, era intimidador porque eles eram muito bons. Ao ouvi-los, porém, a única coisa que eu me perguntava era: "O que posso fazer para me diferenciar deles?". Senti que talvez não fosse possível ser melhor do que eles, mas eu poderia ser diferente. Com o tempo, descobri e desenvolvi essa diferença. Eu me esforçaria para ser um *professor* motivacional, não apenas um *orador* motivacional. Eu queria que as pessoas não só gostassem do que eu compartilhava, mas também fossem capazes de aplicar à própria vida o que eu ensinava. Por mais de três décadas, eu me disciplinei para desenvolver essa singularidade. É o meu nicho — a minha zona de força.

> "Descubra a sua singularidade e, em seguida, discipline-se para desenvolvê-la."
>
> — Jim Sundberg

LÍDERES CONSCIENTES CONHECEM E DESENVOLVEM OS PONTOS FORTES DE SUA EQUIPE

Sempre que você deparar com pessoas bem-sucedidas no trabalho, pode ter certeza de que elas estão trabalhando com base em seus pontos fortes. Mas isso não é suficiente se você quiser ter sucesso como líder. Bons líderes conscientes não ajudam apenas a si mesmos. Eles ajudam as pessoas de sua equipe a encontrar seus pontos fortes e as empoderam para trabalhar com base neles. Aliás, os melhores líderes se distinguem por sua capacidade de reconhecer as habilidades especiais e as limitações de seu pessoal e de lhes atribuir as funções em que eles se sairão melhor.

Infelizmente, a maioria das pessoas não está trabalhando dentro da zona de seus pontos fortes e, por isso, não alcança seu potencial. A organização Gallup realizou pesquisas com 1,7 milhão de pessoas no ambiente de trabalho. De acordo com as descobertas do estudo, apenas 20% dos funcionários sentem que seus pontos fortes são usados todos os dias no local de trabalho.[2] A meu ver, isso acontece, em grande parte, por culpa de seus líderes. Muitos líderes falham em ajudar os membros de sua equipe a encontrar seus pontos fortes e em alocar cada um deles em posições nas quais esses pontos fortes poderão ser um benefício para a empresa.

No livro *Hesselbein on Leadership* [Liderança por Hesselbein], Frances Hesselbein, presidente e CEO do Frances Hesselbein Leadership Institute na Universidade da Pensilvânia, escreve:

---

2 BUCKINGHAM, Marcus; CLIFTON, Donald O. **Now Discover Your Strengths**. New York: The Free Press, 2001. P. 6.

"Peter Drucker nos lembra de que as organizações existem para tornar eficazes os pontos fortes das pessoas e para tornar irrelevantes seus pontos fracos. Essa é a função dos líderes de sucesso. Drucker também nos diz que até podem existir líderes natos, mas são poucos demais para dependermos somente deles".[3]

> "As organizações existem para tornar eficazes os pontos fortes das pessoas e para tornar irrelevantes seus pontos fracos. Essa é a função dos líderes de sucesso."
> — Frances Hesselbein

Se você deseja ser um líder eficaz, precisa aumentar a sua capacidade de desenvolver os pontos fortes dos membros da sua equipe. Como fazer isso?

Seja seguro na sua liderança

Quando você se torna um líder consciente, sente-se mais seguro na sua liderança. Você conhece os seus pontos fortes e não precisa prová-los. Sabe quais são os seus pontos fracos e não sente necessidade de escondê-los. Você é quem é, trabalha com base nos seus pontos fortes e está disposto a aproveitá-los para ajudar os outros a desenvolverem os deles.

Estude e conheça os membros da sua equipe

Conheça os membros da sua equipe. Quais são os pontos fortes e fracos de cada um deles? Com quem eles se identificam dentro da equipe? Estão crescendo e têm mais potencial de crescimento na área em que estão trabalhando? A atitude deles é um benefício ou um risco? Eles amam o que fazem e estão

---

3 New Jersey: Wiley & Sons, 2002. P. 79.

cumprindo bem a própria função? Estas são perguntas cujas respostas você precisa descobrir.

Comunique aos indivíduos como eles se encaixam na equipe

Diga às pessoas quais são os pontos fortes que elas trazem para a equipe. Comunique como elas complementam os outros membros. Descubra o que elas precisam de outros colaboradores para complementar seus pontos fracos e expresse isso. Quanto mais os participantes souberem sobre como se encaixam na equipe, mais desejarão aproveitar ao máximo a própria posição e maximizar sua contribuição.

Comunique a todos os membros da equipe como cada participante se encaixa no todo

Obviamente é impossível ter uma equipe vencedora sem o trabalho em equipe. No entanto, nem todo líder se esforça ativamente para ajudar os membros da equipe a trabalhar juntos. Não caia nessa armadilha. Assuma a responsabilidade de comunicar a todos os membros da equipe como cada participante se encaixa e quais pontos fortes eles trazem para sua função. Quanto mais você fizer isso, mais as pessoas irão se valorizar e respeitar umas às outras.

Enfatize o completar uns aos outros, em lugar do competir uns com os outros

A competição saudável entre colegas de equipe é positiva. Ela os impele a dar seu melhor. Em última instância, porém, os membros da equipe precisam trabalhar juntos pelo bem do time, e não apenas em benefício próprio. Ajude todos da sua equipe a manter isso em perspectiva.

Para alguns líderes, a ideia de focar quase inteiramente nos pontos fortes parece contraintuitiva. Muitos anos atrás, eu estava passando um dia com líderes de várias empresas e um dos temas que abordei foi a importância de permanecer dentro dos seus pontos fortes. Eu os encorajei diversas vezes a não trabalhar com base em suas áreas de fraqueza no que diz respeito a habilidades. No final de uma das sessões, um CEO rejeitou a ideia. O exemplo que ele usou foi de Tiger Woods.

— Quando Tiger joga uma partida ruim de golfe — o CEO observou —, ele vai direto para a área de treinamento e pratica por horas. Veja bem, John, ele está trabalhando em seus pontos fracos.

— Nada disso! — respondi. — Ele está trabalhando em seus pontos fortes. Tiger é um grande golfista, um dos melhores do mundo. E o que ele faz? Ele pratica tacadas de *golfe*. Não pratica contabilidade, música ou basquete. Ele aperfeiçoa um ponto fraco dentro de sua zona de força, que é o golfe. Isso sempre produzirá resultados positivos.

Aperfeiçoar um ponto fraco dentro da sua zona de força sempre produzirá resultados melhores do que trabalhar em um ponto forte dentro de uma área de fraqueza. Eu amo golfe, mas, se eu praticar tacadas de golfe, jamais vou melhorar. Por quê? Porque sou um golfista mediano. A prática não me levará à perfeição, apenas à permanência! Se eu quiser progredir, preciso continuar trabalhando nas minhas habilidades de liderança e comunicação. Esses são os meus pontos fortes.

Quais são os seus? Você está dedicando tempo a eles? Se assim for, pode ter certeza de que você está investindo no seu sucesso.

***

Perguntas de reflexão para o líder consciente

Onde sou mais forte? Quais são os meus três pontos fortes principais? Onde sou mais fraco? Quem posso ajudar na minha equipe usando os meus pontos fortes? A quem posso pedir ajuda nas áreas dos meus pontos fracos?

CAPÍTULO 3

Coloque a sua equipe à frente do seu progresso pessoal na carreira

"Os bons líderes tomam a iniciativa. Eles veem oportunidades e correm atrás delas antes que os outros o façam."

Assim que iniciei a minha carreira, achava que a liderança era uma espécie de corrida. O meu objetivo era provar a minha capacidade e melhorar a minha classificação. Eu trabalhava duro. E, a cada ano, mal podia esperar para que saísse o relatório anual com as estatísticas de cada líder da nossa organização nacional. Eu comparava os meus números com os de todos os outros. Mapeava o meu progresso. Conferia quem eu havia ultrapassado. Observava quais líderes à minha frente estavam dentro do meu alcance. Ano após ano, eu me aproximava um pouco mais do topo e isso me proporcionava um enorme sentimento de satisfação. Eu estava subindo na carreira!

No entanto, havia problemas significativos com o meu modo de pensar. Eu estava trabalhando com base em dois grandes equívocos: primeiro, eu achava que o meu título de liderança fazia de mim um líder. Em segundo lugar, eu pensava que subir a escada corporativa na minha carreira era uma prioridade maior do que me conectar com as pessoas e promover o progresso da equipe. A grande lição é que eu não percebia que a liderança é mais relacional do que posicional, nem reconhecia que ajudar a equipe a vencer é muito mais importante do que obter uma vitória pessoal.

Tive o meu primeiro alerta quando liderei a minha primeira reunião de conselho. Eu tinha o "direito" de agir como líder, mas não tinha os relacionamentos para tal. As pessoas na reunião me ouviram educadamente, mas não seguiram a minha liderança. Preferiram seguir a liderança de Claude, um fazendeiro que já estava por lá antes mesmo de eu nascer. Observar as pessoas escolherem quem seguir com base no relacionamento em vez de na posição foi, a princípio, uma frustração para mim. Levei quase uma década para entender que as pessoas não se importam com quanto você sabe até que saibam quanto você se importa. Eu gostaria que alguém tivesse me dito isso antes. Talvez até tenham dito, mas eu estava ocupado demais tentando correr à frente dos outros. Em consequência, eu não estava me conectando com as pessoas e, por essa razão, colocava a minha equipe em perigo.

Isso não quer dizer que subir na carreira seja errado. Não se consegue gerar progresso permanecendo estagnado. Os líderes são naturalmente programados para escalar. Podem ser bem assertivos. Os bons líderes tomam a iniciativa. Eles veem oportunidades e correm atrás delas antes que outros o façam. A maioria dos líderes é competitiva, e chegar ao topo faz parte de seu DNA. Portanto, a pergunta para os líderes não é: "Você deveria tentar chegar ao topo?". Duas perguntas melhores são: "Como você deve tentar chegar lá?" e "Quem você deve levar consigo?". Chegar ao topo sem

> As pessoas não se importam com quanto você sabe até que saibam quanto você se importa.

se conectar com o nosso pessoal, na melhor das hipóteses, nos faz liderar pessoas sem a lealdade da equipe. E, na pior das hipóteses, mina a nossa liderança e faz o time sofrer.

MUDANÇA DE ATITUDE

Ao longo dos anos, observei muitos jovens líderes que subiram na carreira sem se conectarem com os outros. Colocaram o aspecto posicional da liderança à frente do relacional, jogando uma variante da brincadeira infantil de rei da colina — derrubando os outros para se manter no topo. Acho que muitos jovens líderes que estão começando não percebem que o jogo da liderança pode ser abordado de outra maneira. Chega, porém, um momento na experiência de todos os líderes no qual eles deparam com uma escolha. Eles competirão a todo custo para escalar, passando por cima dos outros a fim de garantir que chegarão ao topo, ou vão se conectar com as pessoas e ajudá-las a subir até o cume junto com eles?

Lembro-me bem de enfrentar esse dilema. No início do meu primeiro pastorado, eu queria ensinar a minha congregação a administrar o tempo, os talentos e as finanças. Eu sabia que esse tipo de gerenciamento do que temos é importante, mas, devido à minha falta de experiência, não tinha recursos para me ajudar a chegar lá. Fui a uma livraria em Bedford, Indiana, em busca de material, e não encontrei *nada* que se aplicasse. Enquanto dirigia de volta para casa, percebi que poderia desistir ou tentar desenvolver ideias e recursos próprios. Eu sabia que seria uma tarefa muito difícil e demorada, mas estava disposto a tentar.

Levei meses para desenvolver o material do zero, mas, após muitas horas extras de preparo, eu estava pronto para lançar o meu primeiro "mês da mordomia". E, para a minha grande alegria, foi um tremendo sucesso! Aumentou o número de pessoas frequentando os cultos, as finanças da igreja melhoraram, e as pessoas começaram a se tornar voluntárias. Foi uma experiência transformadora para a nossa pequena congregação e um grande gerador de impacto. E os resultados puderam ser vistos no relatório anual, quando os números da igreja deram um salto gigantesco.

Logo se espalhou a notícia de que algo empolgante havia acontecido na nossa congregação. E não demorou muito para que outros líderes eclesiásticos me pedissem para lhes ensinar como fazer o que eu havia feito. Naquele momento, enfrentei um dilema. O que eu faria? Guardaria para mim o que havia aprendido, sem compartilhar com os meus colegas? Dessa forma, eu poderia manter a minha vantagem e escalar acima de muitos deles na escada da liderança! Ou eu compartilharia com eles tudo o que havia aprendido para que eles também pudessem ser bem-sucedidos? Afinal, todos os pastores deveriam estar jogando no mesmo time.

Tenho vergonha de admitir que lutei por muitos dias para tomar essa decisão. Eu realmente queria manter a minha vantagem e continuar avançando na minha carreira. Mas finalmente decidi não acumular aquilo só para mim. Escolhi compartilhar com outras pessoas. O que me surpreendeu foi quanto me senti realizado depois de ajudar aqueles líderes a ensinar mordomia às suas igrejas. E isso criou conexões relacionais.

Ao longo dos vinte e quatro anos seguintes, liderei um mês anual de mordomia com os meus pastoreados. E todos os anos, depois de terminar, eu disponibilizava as lições para outros líderes, a fim de que eles também pudessem usá-las. Isso acabou me conectando com muitos outros líderes em todo o país. O mais irônico é que, ao manter uma mentalidade de abundância e compartilhar com os outros o que eu tinha, eu de fato escalei até alcançar reputação nacional como líder.

QUE TIPO DE LÍDER VOCÊ É?

Se você quer ser um líder eficaz, precisa assumir a responsabilidade de ajudar a sua equipe a vencer. Como é possível fazer isso? Conectando-se com os membros do time, conhecendo quem eles são, aprendendo a se importar com eles e encontrando maneiras para que eles alcancem sucesso tanto individual quanto em grupo.

A maioria dos líderes cai naturalmente em um dos campos: o do alpinista ou o do formador de vínculos. Estão focados ou em avançar na própria carreira ou em se conectar com a equipe e ajudá-la a progredir. Que tipo de líder você é? Dê uma olhada em algumas das diferenças entre os alpinistas e os formadores de vínculos a seguir.

Os alpinistas pensam na vertical; os formadores de vínculos pensam na horizontal

Os alpinistas têm sempre plena consciência de quem está à frente deles e de quem está atrás no *ranking* ou no organograma da organização. São como eu era quando jovem líder — não deixam de ler os relatórios para ver sua classificação, a fim de que possam progredir. Para eles, subir é muito importante, e a ideia de descer é inaceitável. Os formadores de vínculos, em contrapartida, estão focados em ir até onde os membros de sua equipe estão e ajudá-los. Pensam mais sobre quem está na jornada com eles e como podem ajudá-los. Colocam o bem da equipe acima do próprio ganho pessoal.

Os alpinistas focam no cargo; os formadores de vínculos focam nos relacionamentos

Como os alpinistas estão sempre pensando em subir, eles geralmente se concentram em sua posição. Em contrapartida, os formadores de vínculos são mais focados nos relacionamentos.

Ao contrário das pessoas posicionais que desejam subir a escada corporativa, as pessoas relacionais se dedicam mais a construir pontes.

Os alpinistas valorizam a competição; os formadores de vínculos valorizam a cooperação

Os alpinistas enxergam quase tudo como uma competição. Para alguns, isso pode significar tentar vencer a todo custo. Para outros, pode significar ver o sucesso como um jogo bem divertido. De todo modo, eles querem terminar no topo. Os formadores de vínculos, por sua vez, estão mais interessados em usar seus relacionamentos com os outros para promover a cooperação. Eles enxergam como vitória o trabalho em conjunto rumo a um objetivo maior.

Os alpinistas buscam poder; os formadores de vínculos buscam parcerias

Se a sua mentalidade é sempre vencer, então você naturalmente quer poder, uma vez que isso o ajuda a escalar mais rápido e chegar ao topo mais depressa. No entanto, subir a escada da liderança é, de fato, um esforço solitário. Trabalhar sozinho perde importância diante do que você é capaz de fazer com uma equipe. O segredo para criar equipes realmente poderosas é formar parcerias, estratégia que os formadores de vínculos têm maior probabilidade de adotar.

Os alpinistas constroem a própria imagem; os formadores de vínculos buscam consenso

Para progredir na carreira e subir na hierarquia organizacional, a maioria dos líderes depende de outros para promovê-los. Por causa disso, muitos alpinistas se preocupam muito com a própria imagem. Eles querem *parecer* fortes. Querem *parecer* estar no comando. Querem *parecer* bem-sucedidos. E alguns farão de tudo para manter essa imagem. Em contrapartida, os formadores de vínculos estão mais preocupados em colocar todos no mesmo nível para que possam trabalhar juntos. Vão atrás dos pontos em comum. Eles buscam consenso. Preocupam-se mais com a união da equipe do que com o próprio destaque em meio à multidão.

Os alpinistas querem se destacar; os formadores de vínculos querem ficar juntos

Os alpinistas querem se distinguir de todos os outros na organização. Como pilotos de corrida, ambicionam criar separação — deixar todos os outros para trás, comendo poeira. Já os formadores de vínculos encontram maneiras de se aproximar de outras pessoas, de se unir a outros para que possam permanecer juntos.

> Os formadores de vínculos se preocupam mais com a união da equipe do que com o próprio destaque em meio à multidão.

A MUDANÇA RUMO À CONEXÃO

Talvez eu tenha retratado os alpinistas sob uma luz nada lisonjeira. Não é essa a minha pretensão. Afinal, a minha inclinação natural é ser alpinista. Mas o sucesso na liderança vem para aqueles que abraçam os aspectos positivos da ambição juntamente com as características positivas da conexão. Se você é naturalmente um alpinista como eu, concentre-se em construir relacionamentos positivos com os outros, sobretudo com os membros da sua equipe. Se você analisar os principais fatores que levam as pessoas a fracassar no trabalho, descobrirá que o problema frequentemente se deve à incapacidade de se relacionar bem com os outros. Em um artigo recente na *Inc.*, o executivo John White escreveu sobre as sete principais razões para as pessoas perderem o emprego. Cinco entre as sete estavam relacionadas a dificuldades de conviver bem com os outros. As habilidades pessoais são importantes para o sucesso em todos os níveis.[1]

Se você escalar sem se conectar, pode até progredir na carreira, mas pouca gente vai querer trabalhar com você. E você não terá muitos amigos no trabalho. O objetivo de um líder deve ser fazer amigos *e* ganhar autoridade. Então, se você é um alpinista, talvez precise moderar a competitividade e desacelerar para construir relacionamentos. Judith Tobin sugere o valor de cinco qualidades que podem ajudá-lo a se conectar com os outros:

1. O **apreço** abre espaço para as diferenças entre as pessoas e as considera interessantes.
2. A **sensibilidade** compreende os sentimentos pessoais e leva rapidamente em conta o estado de espírito dos outros.
3. A **consistência** é a qualidade de ser "real", não falso, e fazer apenas elogios sinceros.
4. A **segurança** não sente necessidade de ser o "manda-chuva"; sabe que ajudar os outros a vencer não é uma perda para você.
5. O **humor** ri de si mesmo; não é exageradamente sensível.

Isso não significa que a conexão é tudo. Se você se relaciona bem, mas possui pouco desejo de melhorar a si mesmo ou à sua carreira, as pessoas podem até gostar de você, mas é possível que você não tenha o ímpeto para realizar algo de fato, nem desenvolva autoridade para tanto. Se você é um formador

---

[1] WHITE, John. "Here Are the Top 7 Reasons People Get Fired (Are You Guilty of Any of Them?)", *Inc.com*, 29 de dezembro de 2016. Disponível em: https://www.inc.com /john-white/here-are-the-top-7-reasons-people -get -fired-are-you-guilty-of-any-of-them.html.

de vínculos nato, trabalhe para aumentar a sua energia e intensificar o seu senso de propósito e urgência. Os líderes mais eficazes são aqueles que conseguem equilibrar a conexão e a escalada enquanto promovem o avanço de suas equipes.

VALORIZE A EQUIPE

Se você olhar para trás na história das ideias sobre gestão e liderança, verá que, ao longo dos últimos cem anos, o que é valorizado na liderança tem sofrido constantes mudanças. Muitos modismos de administração surgiram e desapareceram durante esse período. Cem anos atrás, as equipes trabalhavam sob o comando de adeptos da ordem e do controle. Eram líderes que orgulhosamente afirmavam não ter úlceras; eles é que as provocavam nos outros. Posteriormente, essa tendência mudou para vários sistemas de administração. Houve equipes funcionando sob a gestão pelo medo, a gestão por objetivos e a gestão participativa. Nos últimos anos, porém, tem ocorrido um retorno a alguns princípios básicos que se fundamentam na sabedoria antiga: demonstrar respeito, desenvolver confiança, identificar a visão, ouvir as pessoas, ler o ambiente e agir com coragem.

No sexto século a.C., o sábio chinês Lao-Tzu aconselhou os líderes a serem altruístas e a manterem o egocentrismo sob controle para se tornarem mais eficazes. Ele os encorajou a liderarem sem dominar, a serem abertos e receptivos. "O líder sábio" — afirmou — "é como uma parteira que não intervém desnecessariamente, para que, quando a criança nascer, a mãe possa dizer com razão: 'Nós conseguimos!'". Esse tipo de mentalidade exige uma abordagem mais relacional para a liderança.

Ao longo da minha carreira, fiz a transição de alpinista para formador de vínculos e não me arrependo. Posso resumir o progresso do meu modo de pensar da seguinte maneira:

Eu quero vencer.
Eu quero vencer e você também pode.
Eu quero vencer com você.
Eu quero que você vença e eu vou vencer também.

O sucesso é passageiro; já os relacionamentos são duradouros. Se você adotar a abordagem de liderança do formador de vínculos e colocar a sua equipe à frente do seu próprio avanço na carreira, terá uma chance muito maior de sucesso, porque ninguém jamais conseguiu realizar algo significativo trabalhando sozinho. Além disso, mesmo que não tenha êxito em determinado empreendimento, pelo menos você terá construído alguns relacionamentos e feito amigos ao longo do caminho. Isso não só torna a jornada mais agradável, como também prepara você para o sucesso no futuro. Nunca se sabe como você e os membros da sua equipe poderão se ajudar no futuro, à medida que avançam na trilha da liderança.

***

Perguntas de reflexão para o líder consciente

De que forma estou colocando a mim mesmo e à minha carreira à frente dos membros da minha equipe? Que ação posso realizar para servir melhor o meu pessoal e colocar os meus colaboradores à frente da minha agenda pessoal?

_____
_____
_____
_____

CAPÍTULO 4

Olhe para dentro de si quando alguém decidir deixar a equipe

"Quando o líder é seguro e positivo, as pessoas se sentem livres para dar o melhor de si."

Por muitos anos, ministrei conferências de liderança que duravam vários dias. Uma das coisas de que eu mais gostava nesses eventos era o tempo que passava interagindo com as pessoas e fazendo sessões de perguntas e respostas. Um dos comentários que eu ouvia com frequência era: "Adoro os seus princípios de liderança, e as suas ideias são boas, mas você não faz ideia do péssimo líder que o meu chefe é. O que posso fazer?". Como resultado dessas observações, acabei escrevendo um livro intitulado *Como liderar quando o seu chefe não pode (ou não quer)*.

Certo dia, enquanto um participante falava sobre como era difícil trabalhar para seu líder, fiz uma pesquisa informal. Perguntei: "Quantos de vocês já trabalharam para um líder ruim?". A resposta foi estarrecedora. Um gemido audível se ergueu da plateia e quase todos levantaram a mão. Em um lampejo de *insight* que me ocorreu no momento, perguntei: "Quantos já pediram demissão por causa de um líder ruim no trabalho?". Mais uma vez, quase todas as pessoas ergueram a mão. E isso confirmou o que eu já acreditava ser verdade: quando um membro da equipe pede demissão, os líderes precisam olhar para si mesmos a fim de averiguar se eles são o motivo.

A PORTA ABRE PARA OS DOIS LADOS

Todas as organizações têm um fluxo de entrada e saída de funcionários que se assemelha a pessoas entrando e saindo por uma porta giratória. Os indivíduos entram pela porta porque têm um motivo para fazer parte daquela empresa. Talvez se identifiquem com a visão da organização. Ou acreditam que a empresa oferece grandes oportunidades para eles. Ou valorizam os benefícios que a empresa oferece. Ou simplesmente precisam ganhar dinheiro. Existem quase tantos motivos quanto gente que se candidata às vagas.

Mas, quando as pessoas saem da empresa pela mesma porta, é grande a chance de que a maioria delas tenha algo em comum. Seu desejo de partir para "pastos mais verdes" costuma ser motivado pela necessidade de se afastar de um líder ruim.

Tive o privilégio de liderar organizações sem fins lucrativos, empresas com fins lucrativos e organizações voluntárias. As pessoas vêm e vão em todos os tipos de organização, mas *saem* mais rápido de uma organização voluntária mal liderada. As pessoas nessas iniciativas não recebem salário que as mantenha ali. Quando seus líderes são ruins, elas simplesmente vão embora. Se houver muitos líderes ruins, uma enxurrada de gente mantém a porta giratória em movimento enquanto parte em busca de outra organização para ingressar.

QUEM AS PESSOAS DEIXAM

Para nós, líderes, seria mais cômodo pensar que, quando as pessoas deixam a nossa equipe ou organização, isso tem pouco que ver conosco. Mas a realidade é que muitas vezes nós somos o motivo. Algumas fontes estimam que até 65% das pessoas que saem de empresas o fazem por causa de seu gerente. Podemos dizer que as pessoas deixam o emprego ou a empresa, mas a realidade é que, em geral, estão deixando seus líderes. A "empresa" não faz nada de negativo para elas. As pessoas sim. Às vezes, os colegas de trabalho causam os problemas que levam os funcionários a sair. Com maior frequência, porém, as pessoas que afastam os trabalhadores são seus supervisores diretos.

A maioria dos líderes pode causar uma boa impressão nos funcionários quando os conhece pela primeira vez. Adicione a isso o otimismo que as pessoas têm quando começam em um novo emprego. Todo o mundo quer que o novo trabalho dê certo. No entanto, com o tempo, as pessoas passam a conhecer quem os líderes realmente são, não quem tentam parecer. Se um chefe é mau caráter, é questão de tempo até que os funcionários percebam.

Então de quais líderes os funcionários se afastam? Na maioria das vezes, eles se dividem em quatro tipos, como vemos a seguir.

1. As pessoas se afastam de líderes que as desvalorizam

Um casal de idosos, George e Mary Lou, estava comemorando suas bodas de ouro. Com o índice de divórcios tão elevado, um repórter queria saber qual era o segredo do sucesso. Então perguntou a George: "Qual é a sua receita para um casamento duradouro e feliz?".

George explicou que, após a cerimônia nupcial, seu novo sogro o chamou em um cantinho e lhe entregou um pequeno embrulho. Dentro do pacote, havia um relógio de ouro que George ainda usava. Ele o mostrou para o repórter. No mostrador do relógio, que ele poderia ver uma dúzia de vezes por dia, estavam escritas as palavras: "Diga algo gentil para Mary Lou".

Todos nós gostamos de ouvir coisas boas sobre nós e para nós. Todos queremos ser apreciados. No entanto, várias pessoas não recebem *feedback* positivo nem palavras de apreço de seus líderes no trabalho. Muitas vezes, é exatamente o oposto; elas se sentem desvalorizadas. Seus chefes agem com ar de superioridade e tratam os funcionários com desdém ou, pior ainda, com desprezo. E isso é sinônimo de desastre para qualquer relacionamento — até mesmo um relacionamento profissional dentro do ambiente de trabalho.

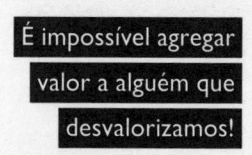

> É impossível agregar valor a alguém que desvalorizamos!

Malcolm Gladwell, em seu livro *Blink: a decisão num piscar de olhos*, escreve sobre um especialista em relacionamento chamado John Gottman, que era capaz de prever com segurança o potencial de sucesso do matrimônio de um casal com base nas interações que ambos tinham um com o outro. O que indicava que um relacionamento conjugal estava fadado ao desastre? O desprezo. Se um dos parceiros tratasse o outro com desprezo, o relacionamento geralmente estava fadado ao fracasso.[1]

É impossível agregar valor a alguém que desvalorizamos! Se não respeitamos alguém, não conseguimos tratá-lo com respeito. Por quê? Não é possível nos comportarmos consistentemente de maneira inconsistente com as nossas crenças.

Tenho observado que, quando os líderes desvalorizam as pessoas de sua equipe, começam a manipulá-las. Começam a tratá-las como objetos, não como pessoas. Essa nunca é uma prática apropriada para um líder.

---

1 GLADWELL, Malcolm. *Blink: The Power of Thinking Without Thinking*. New York: Little, Brown, and Company, 2005. P. 18-34 [em português: *Blink: a decisão num piscar de olhos*. Rio de Janeiro: Sextante, 2017].

Qual é, então, a solução? Encontre o valor das pessoas e expresse o seu apreço por elas. Os líderes costumam ser bons em identificar o valor de uma oportunidade ou de um negócio. Precisam desenvolver uma mentalidade semelhante quando se trata dos membros de sua equipe.

Encontre o valor das pessoas que trabalham para você. Elogie-as por suas contribuições. Elas podem agregar valor aos clientes, aos produtos que elaboram ou aos serviços que prestam. Podem agregar valor para a organização aumentando seu preço de mercado. Podem agregar valor a seus colegas de trabalho, capacitando-os ou otimizando seu desempenho. Encontre algo para apreciar, compartilhe com seus colaboradores, e eles apreciarão trabalhar para você.

2. As pessoas se afastam de líderes que não são confiáveis

Michael Winston, ex-diretor administrativo e de liderança da Countrywide Financial Corporation (que agora faz parte do Bank of America Corp.), afirmou:

> Líderes eficazes garantem que as pessoas se sintam fortes e capazes. Em todas as pesquisas importantes sobre as práticas de líderes eficazes, a confiança no líder é essencial para que outros decidam segui-lo ao longo do tempo. As pessoas devem sentir que o líder fala a verdade, tem credibilidade e é digno de confiança. Uma das maneiras de desenvolver a confiança — seja no líder, seja em qualquer outra pessoa — é por meio da consistência no comportamento. A confiança também se firma quando palavras e atos são congruentes.

Você já trabalhou com pessoas em quem não confia? É uma experiência terrível. Ninguém gosta de trabalhar com alguém em quem não pode confiar. Um estudo realizado pela Manchester Consulting na Filadélfia revelou que, infelizmente, a confiança no ambiente de trabalho está em declínio. Os pesquisadores descobriram que as cinco maneiras mais rápidas de um líder perder a confiança de sua equipe no local de trabalho são:

1. Revelar inconsistência entre palavras e ações
2. Buscar ganho pessoal acima do ganho compartilhado
3. Omitir informações
4. Mentir ou contar meias-verdades
5. Ter a mente fechada

Quando os líderes quebram a confiança de seu pessoal, é como quebrar um espelho. E, embora seja possível recuperar todas as peças e colá-las novamente, o espelho sempre apresentará rachaduras. Quanto maior o dano causado, mais distorcida fica a imagem. Torna-se muito difícil superar o dano causado em um relacionamento quando a confiança é quebrada.

Em contrapartida, a pesquisa descobriu que as melhores maneiras de um líder *desenvolver* confiança são:

1. Manter-se íntegro
2. Comunicar abertamente sua visão e seus valores
3. Demonstrar respeito pelos colegas de trabalho como parceiros iguais
4. Focar mais nos objetivos compartilhados do que na própria agenda
5. Fazer a coisa certa independentemente do risco pessoal[2]

---

2 ZAK, Paul J. "The Neuroscience of Trust". Em: *Harvard Business Review*, janeiro—fevereiro de 2017. Disponível em: https://hbr.org/2017/01/the-neuroscience-of-trust. Acesso em: 19 mar. 2021.

Construir e manter a confiança como líder é uma questão de integridade e comunicação. Se você não quer que as pessoas desistam de você como líder, é fundamental ser consistente, aberto e verdadeiro com elas.

3. As pessoas se afastam de líderes incompetentes

Como mencionei no início deste capítulo, uma das reclamações que mais ouço das pessoas é que elas trabalham para um líder medíocre. Costumam dizer que seu líder vai mal em mais do que a liderança em si. Todo o mundo quer sentir que seus líderes estão capacitados para fazer o trabalho em sua área de atuação, seja um trabalhador no chão de fábrica, um vendedor, um gerente de nível médio, um atleta ou um voluntário. Os líderes precisam inspirar confiança e fazer isso não com carisma, mas com competência.

Quando os líderes são incompetentes, eles se tornam uma distração para a equipe. Desperdiçam a energia das pessoas. Impedem que as pessoas mantenham o principal como principal. Tiram o foco da visão e dos valores da organização e o colocam no próprio comportamento. Se as pessoas que trabalham para um líder incompetente tiverem alto grau de habilidade, ficarão o tempo inteiro preocupadas se o líder irá bagunçar as coisas, levando-as a gastar tempo e energia consertando o lastro de caos deixado por ele. Se as pessoas não tiverem habilidade nem experiência, não saberão o que fazer para consertar as coisas. Não importa o que aconteça, a produtividade cai, os ânimos sofrem e se torna impossível manter uma força propulsora positiva.

> Os líderes precisam inspirar confiança e fazer isso não com carisma, mas com competência.

Um líder incompetente não liderará pessoas competentes por muito tempo. A Lei do Respeito, encontrada em *As 21 leis irrefutáveis da liderança* afirma: "As pessoas naturalmente seguem líderes mais fortes do que elas". As pessoas cuja capacidade de liderança é 7 (em uma escala de 1 a 10) não seguirão um líder nota 4. Em vez disso, desistem e encontram outra pessoa — em outro lugar — para liderá-las.

Isso significa que você precisa desenvolver continuamente as suas habilidades de liderança e capacitação profissional. Se não, em algum momento, você não será capaz de contribuir com a sua equipe de maneira eficaz.

4. As pessoas se afastam de líderes inseguros

Se um líder valoriza as pessoas, possui integridade e demonstra competência, então as pessoas ficarão satisfeitas em segui-lo, certo? Não necessariamente. Mesmo que os líderes possuam essas três qualidades, ainda há uma característica que afasta as pessoas deles: a insegurança.

É fácil identificar alguns líderes inseguros. Seu desejo de poder, posição e reconhecimento surge em uma demonstração óbvia de medo, suspeita, desconfiança ou ciúme. Às vezes, porém, isso pode se manifestar de maneira mais sutil. Líderes excepcionais fazem duas coisas: capacitam outros líderes e delegam tarefas. Líderes inseguros nunca fazem isso. Em vez disso, tentam se tornar indispensáveis. Não querem treinar seu pessoal para que alcancem o máximo potencial porque não desejam que as pessoas de sua equipe sejam mais bem-sucedidas do que eles. Na verdade, não querem que tenham sucesso sem a ajuda deles. E sempre que alguém que trabalha para eles sobe a um nível muito alto, os líderes inseguros veem isso como uma ameaça.

As pessoas querem trabalhar para líderes que as estimulam, não para quem lhes tira o brilho. Querem líderes que as levantem e as ajudem a voar, não que as prendam. Querem mentores que as ajudem a alcançar seu potencial e ter sucesso. Caso percebam que seu líder está mais preocupado em manter a própria autoridade e proteger sua posição, acabarão encontrando outra pessoa para quem trabalhar.

RECEITA DE CONSERVAÇÃO

Por mais excelente que você seja como líder, ocasionalmente perderá pessoas. Isso simplesmente faz parte da liderança. No entanto, você pode estipular medidas para se tornar o tipo de líder que outras pessoas desejem seguir. Aqui estão as coisas que faço quando alguém decide ir embora, a fim de olhar para mim mesmo e ver se eu sou o problema.

1. Assumo a responsabilidade pelos meus relacionamentos com os outros. Quando um relacionamento vai mal, inicio uma ação para tentar melhorar o relacionamento. Mesmo que isso não faça a pessoa decidir ficar, é a coisa certa a se fazer. Se você quer ser um líder melhor, precisa fazer isso também.

2. Quando as pessoas se afastam de mim, faço uma entrevista de despedida.
Por que ficar tentando adivinhar o motivo que levou alguém a sair, quando você pode perguntar? O propósito de uma entrevista de despedida é descobrir se eu sou a razão da saída. Se for, peço desculpas e escolho seguir o caminho mais ético com eles, tomando iniciativa na reconciliação.

3. Dou muito valor a quem trabalha comigo. É maravilhoso quando as pessoas acreditam em seu líder. É mais maravilhoso ainda quando o líder acredita nas pessoas. Se o meu pessoal está saindo porque estou fazendo que se sintam desvalorizados, quero saber, para poder fazer uma mudança.

4. Coloco a credibilidade no topo da minha lista de liderança. Posso nem sempre ser competente; há momentos em que todo líder se vê meio perdido. No entanto, sempre posso ser confiável. Eu escolho ser honesto, independentemente das circunstâncias. Essa é uma escolha que você também pode fazer.

5. Reconheço que a minha saúde emocional positiva cria um ambiente seguro para as pessoas. Quando o líder é seguro e positivo, as pessoas se sentem livres para dar o melhor de si. Portanto, escolho pensar positivamente, praticar uma conduta correta com os outros e seguir a regra de fazer aos outros o que quero que façam comigo.

6. Permaneço aberto a aprender e alimento a minha paixão por crescimento pessoal. O meu futuro como líder e o progresso do meu pessoal dependem do meu aperfeiçoamento pessoal. Portanto, sigo aprendendo para continuar liderando. Se prosseguir crescendo, nunca serei a "tampa" que impede o desenvolvimento do potencial da minha equipe.

Uma das piores coisas que pode acontecer a uma organização é perder seus melhores profissionais. Quando isso acontecer, não culpe a empresa, a concorrência, o mercado ou a economia. A culpa é da liderança. As pessoas desistem de pessoas, não de empresas. Se você deseja manter os seus melhores funcionários e ajudar sua organização a cumprir sua missão, torne-se um líder melhor.

***

Perguntas de reflexão para o líder consciente

Tenho afastado pessoas boas por ser um líder medíocre? Como posso mudar para me tornar mais positivo, edificante, confiável, competente e seguro?

_____

_____

_____

CAPÍTULO 5

Ouça mais, fale menos

"Se você deseja ser mais eficaz ao se conectar com as pessoas, estabeleça como objetivo compreendê-las."

Steven B. Sample, no livro *The Contrarian's Guide to Leadership* [O guia dos opostos para a liderança], escreve: "A pessoa comum sofre de três ilusões: (1) que é um bom motorista, (2) que tem senso de humor e (3) que é um bom ouvinte". Não sei quanto a você, mas confesso a minha culpa nas três acusações! E a área na qual sei que mais preciso de ajuda é como ouvinte.

Jamais esquecerei a ocasião em que uma mulher com quem trabalhei me confrontou sobre as minhas carências na habilidade da escuta. Ela disse: "John, quando as pessoas falam com você, muitas vezes você parece distraído e fica olhando ao redor da sala. Não temos certeza de que está nos ouvindo!".

Fiquei surpreso porque, como a maioria das pessoas, eu *realmente achava* que era um bom ouvinte. A primeira coisa que fiz foi pedir desculpas. Eu confiava na opinião da pessoa que havia me confrontado e sabia que ela precisara reunir coragem para me dizer aquilo, porque eu era seu chefe. A segunda coisa que fiz foi começar a tentar mudar. Por vários anos, adquiri a prática regular de colocar um "O" no canto do meu bloco de anotações sempre que estava em uma reunião para me lembrar de ouvir. Às vezes, eu escrevia "OO" para me lembrar de olhar para as pessoas enquanto as ouvia. Isso fez uma grande diferença na minha liderança.

Sample também diz: "Muitos líderes são péssimos ouvintes; eles realmente acham que falar é mais importante do que ouvir. Mas os líderes na contramão sabem que é melhor ouvir primeiro e falar depois. E, quando ouvem, o fazem com maestria".

Os benefícios positivos de ser um bom ouvinte são muito mais valiosos do que costumamos reconhecer. Certa vez, li uma história engraçada que Jim Lange inseriu no livro *Bleedership* [algo como Sangria], de sua autoria:

> Dois garotos do campo estavam caçando no meio do mato quando um deles caiu no chão. Ele não parecia estar respirando. E seus olhos estavam revirados.
>
> O outro cara pega o celular e liga para a emergência.
>
> Ele diz freneticamente ao operador:
>
> — Bubba morreu! O que posso fazer?
>
> O operador, com voz calma e tranquilizadora, diz:
>
> — Não entre em pânico. Eu posso ajudar. Primeiro, vamos ter certeza de que ele realmente está morto.
>
> Há silêncio e então se ouve um tiro.
>
> A voz do cara volta à linha telefônica e diz:
>
> — Sem sombra de dúvidas. E agora?

Como esta história ilustra, podemos escutar o que foi dito sem realmente ouvir o que foi comunicado. O caçador ouviu o que o operador lhe disse e tecnicamente se certificou de que seu companheiro de caça estava morto. Mas, se ele realmente estivesse ouvindo, não acho que teria atirado em seu parceiro.[1]

A história pode parecer boba, mas contém uma verdade importante. Quando apenas escutamos sem ouvir de verdade, a nossa liderança está fadada a sofrer — e aqueles que nos seguem também. É por isso que o meu conselho aos líderes é ouvir, aprender e depois liderar.

Certa vez, li sobre um estudo que afirmava que escutamos metade do que é dito, ouvimos metade do que escutamos, entendemos metade disso, acreditamos em metade disso e nos lembramos somente de metade disso. Se você traduzir essas suposições em uma jornada diária de oito horas de trabalho, significaria o seguinte:

> Você gasta metade do seu dia de trabalho — cerca de quatro horas — em atividades auditivas.
>
> Você escuta cerca de duas horas do que é dito.
>
> Você realmente ouve uma hora disso.
>
> Você entende apenas trinta minutos dessa hora.
>
> Você acredita no valor de apenas quinze minutos.
>
> E você se lembra de menos de oito minutos de tudo o que foi falado.

Esse é um histórico médio muito ruim. E mostra que todos nós precisamos nos esforçar muito mais para ouvir ativamente!

---

[1] LANGE, Jim. *Bleedership*. Mustang, OK: Tate, 2005. P. 76.

POR QUE OS OUVINTES SÃO LÍDERES MAIS EFICAZES DO QUE OS TAGARELAS

Por causa do meu desejo de ser um ouvinte mais eficaz, tenho ativamente observado líderes por anos e presto muita atenção em como os líderes eficazes ouvem os outros. E cheguei a algumas conclusões sobre o impacto de uma boa escuta relacionada à liderança:

1. Antes de liderar as pessoas, é necessário compreendê-las

A fonte da liderança se encontra na compreensão. Para ser digno da responsabilidade da liderança, é fundamental ter discernimento do que se passa no coração humano. A sensibilidade em relação às esperanças e aos sonhos das pessoas de sua equipe é essencial para se conectar com elas e motivá-las.

No livro de minha autoria *As 21 irrefutáveis leis da liderança*, escrevo sobre a Lei da Conexão, que afirma: "Os líderes tocam o coração antes de pedir uma mão". Além de não ser justo pedir a ajuda de alguém com quem você não se conectou, também é ineficaz. E não é possível se conectar com alguém antes de entendê-lo. Se você deseja ser mais eficaz ao se conectar com as pessoas, estabeleça como objetivo compreendê-las. Isso fará de você um líder melhor.

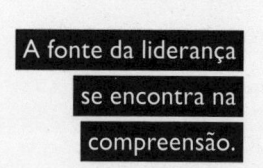

> A fonte da liderança se encontra na compreensão.

2. Ouvir é a melhor maneira de aprender

Não é por acaso que temos uma boca e dois ouvidos. Quando deixamos de ouvir, desligamos muito do nosso potencial de aprendizado. Você provavelmente já ouviu a expressão "ver para crer". Bem, o mesmo se aplica ao ouvir. O apresentador de *talk show* Larry King disse: "Todas as manhãs, eu me lembro do seguinte:

nada do que eu disser neste dia me ensinará alguma coisa. Então, se quero aprender, preciso fazê-lo ouvindo".

Em 1997, mudei-me para Atlanta, Geórgia. Imediatamente percebi a influência da comunidade afro-americana sobre a cidade.

> "Ouve os sussurros e não terás de ouvir os gritos."
>
> — Provérbios *cherokee*

Eu queria me conectar com as pessoas daquela comunidade e aprender sobre sua jornada. Pedi ao meu amigo Sam Chand que marcasse quatro almoços com alguns dos principais líderes afro-americanos. Foi um dos maiores aprendizados da minha vida. Passamos tempo juntos nos conhecendo; eu fazia perguntas e ouvia histórias extraordinárias. Saí de cada almoço com novos amigos e com maior respeito pelas pessoas que conheci e por suas experiências de vida.

Em 2020, enquanto a população se reunia nos Estados Unidos e protestava contra o tiroteio de negros desarmados, recorri a amigos negros da comunidade para me ajudar a entender sua perspectiva sobre o racismo e os problemas que enfrentamos como nação. Fiz perguntas e ouvi a fim de poder aprender.

3. Ouvir pode evitar que os problemas aumentem

Há um provérbio *cherokee* que diz: "Ouve os sussurros e não terás de ouvir os gritos". Bons líderes estão atentos às pequenas questões. Prestam atenção em sua intuição sobre os sussurros. E prestam muita atenção no que *não* é dito. Isso requer mais do que apenas boas habilidades de escuta. Começa com uma boa compreensão das pessoas. Também significa estar seguro o suficiente para pedir aos outros que se comuniquem de maneira honesta e não ficar na defensiva ao ouvir o que eles têm a dizer. Para ser um líder eficaz, é preciso deixar que os outros lhe falem o que você precisa ouvir, não necessariamente o que você deseja ouvir.

Gordon Bethune, ex-CEO da Continental Airlines, levou essa ideia um passo adiante quando aconselhou: "Certifique-se de contratar apenas pessoas que estejam dispostas a arrombar a porta caso você perca a mão e a feche equivocadamente. Você pode até ignorar a opinião de alguém se não gostar do que foi dito, mas, se a pessoa tiver dados para embasá-la, o seu intelecto deve ser capaz de superar a sua vaidade".[2]

Uma falha comum que acomete as pessoas quando elas ganham mais autoridade é a impaciência com aqueles que trabalham para elas. Líderes gostam de resultados. Infelizmente, essa orientação à ação às vezes os leva a parar de ouvir. Mas um ouvido surdo é o primeiro sintoma de uma mente fechada, e ter a mente fechada é uma maneira infalível de prejudicar a sua liderança.

Quanto mais as pessoas sobem na liderança, mais autoridade exercem e menos são forçadas a ouvir os outros. No entanto, sua necessidade de ouvir se torna maior do que nunca! Quanto mais os líderes se afastam das linhas de frente, mais devem depender de outros para obter informações precisas. À medida que você avança na liderança, se não adquirir o hábito de ouvir — com atenção e inteligência — não obterá as informações de que precisa. E, quando um líder fica "por

---

[2] WOOLFE, Lorin. *The Bible on Leadership: From Moses to Matthew—Management Lessons for Contemporary Leaders.* New York: AMACOM, 2002. P. 103-104 [em português: *Liderança na Bíblia: de Moisés a Mateus — Lições e práticas de liderança que ensinam, inspiram e iluminam.* São Paulo: M. Books, 2021].

fora", quaisquer problemas que a organização estiver enfrentando só pioram.

4. Ouvir gera confiança

Os líderes eficazes são sempre bons comunicadores, mas isso significa muito mais do que simplesmente ser alguém que fala bem. David Burns, médico e professor clínico adjunto emérito do Departamento de Psiquiatria e Ciências Comportamentais da Faculdade de Medicina da Universidade de Stanford, destaca:

> O maior erro que você pode cometer ao tentar falar de forma convincente é dar prioridade máxima a expressar as suas ideias e os seus sentimentos. O que a maioria das pessoas de fato deseja é ser ouvida, respeitada e compreendida. No momento em que percebem que estão sendo compreendidas, elas se sentem mais motivadas a entender o seu ponto de vista.

O autor e palestrante Brian Tracy diz: "Ouvir gera confiança, a base de todos os relacionamentos duradouros". Anos atrás, quando a minha funcionária me confrontou sobre as minhas carências na habilidade de ouvir, o que ela realmente estava me dizendo era que eu não era confiável. Ela não sabia se suas ideias, suas opiniões e seus sentimentos estavam seguros comigo.

> "Ouvir gera confiança, a base de todos os relacionamentos duradouros."
> — Brian Tracy

Ao me tornar um ouvinte mais atento, consegui conquistar sua confiança.

Quando os líderes ouvem aqueles que os seguem e usam o que ouviram para tomar providências que beneficiem tanto quem fala quanto a organização, os seguidores depositam neles sua confiança. Quando os líderes fazem o oposto — quando não ouvem — isso prejudica o relacionamento entre líder e seguidor. Quando os membros da equipe não acreditam mais que seus líderes os ouvem com atenção, começam a procurar alguém que o faça.

5. Ouvir pode melhorar a organização

A grande lição é que, quando os líderes ouvem, a organização melhora. O ex-presidente da Chrysler, Lee Iacocca, afirmou: "Ouvir pode fazer a diferença entre uma empresa medíocre e uma grande empresa". Isso significa ouvir as pessoas de todos os níveis hierárquicos da organização — clientes, funcionários e outros líderes.

A Chili's, com sede em Dallas, uma das principais franquias de restaurantes dos Estados Unidos, se orgulha de ter líderes que ouvem. O falecido Norman Brinker, ex-proprietário e presidente da Chili's, acreditava que uma comunicação responsiva é a chave para um bom relacionamento com funcionários e clientes. Ele também aprendeu que esse tipo de comunicação rende grandes dividendos. Quase 80% do cardápio do Chili's vieram de sugestões feitas pelos gerentes de unidades.

Ouvir sempre produz retorno. Quanto mais você souber, melhor para você — desde que mantenha a perspectiva e pense como um líder. Maquiavel, autor de *O Príncipe*, escreveu: "Existem três tipos de mentes. Uma é capaz de pensar por si só; a outra é capaz de entender o pensamento dos outros; e a terceira não sabe pensar por conta própria, nem entender o pensamento dos outros. A primeira é da mais alta excelência, a segunda é excelente, e a terceira é inútil". Para ser um bom líder, você precisa ser capaz não só de pensar por si mesmo, mas também de entender o pensamento dos outros e aprender com isso.

> "Um dos maiores presentes que você pode dar a alguém é o dom da atenção."
> — Jim Rohn

É possível ser líder sem ser um bom ouvinte? A resposta é sim. É só conversar com funcionários de empresas em todo o país, e eles lhe dirão que trabalham para pessoas que não os ouvem. É possível ser um *bom* líder, um líder consciente, sem ouvir? A resposta é não. Ninguém consegue chegar ao mais alto nível e levar sua organização até lá sem ser um bom ouvinte. É improvável que isso aconteça, porque você nunca conseguirá extrair o melhor das pessoas se não souber quem elas são, para onde querem ir, por que se importam, como pensam e que contribuições têm a dar. Você só consegue aprender essas coisas se ouvir.

O autor e palestrante Jim Rohn afirma: "Um dos maiores presentes que você pode dar a alguém é o dom da atenção". Eu acredito que isso é verdade. Mas ouvir os liderados não é apenas um presente para eles. Também beneficia o líder. Quando os líderes ouvem, recebem o discernimento, o conhecimento, a sabedoria e o respeito dos outros. Isso coloca em jogo todos os ativos de uma organização, prontos para serem mobilizados a fim de concretizar a visão e cumprir seus objetivos. Que presente maravilhoso!

※ ※ ※

Perguntas de reflexão para o líder consciente

Passo mais tempo falando ou ouvindo os membros da minha equipe? Por quê? O que aconteceria se eu passasse mais tempo fazendo perguntas e ouvindo? Como posso começar a fazer isso a partir de hoje?

_____
_____
_____
_____
_____
_____
_____
_____
_____
_____
_____
_____
_____
_____

CAPÍTULO 6

Receba críticas com maturidade

"Para ser mais consciente como líder, preciso examinar as críticas de maneira objetiva, independentemente de como elas sejam expressas."

Um dos preços da liderança é receber críticas. Liderar significa ir na frente, destacar-se, correr riscos, tentar ganhar terreno. Os outros prestam atenção em você e nem todos concordam com a sua forma de liderar. Quando jovem líder, eu gostava de liderar. Eu gostava de ficar em destaque e ser observado. Gostava dos elogios que recebia das pessoas. No entanto, não queria tolerar as "críticas construtivas" de ninguém. Aprendi bem depressa que as minhas expectativas não eram nada realistas. Nenhum líder, por melhor que seja, recebe apenas elogios (e eu certamente não era bom quando comecei). Se você quer ser líder, precisa se acostumar com as críticas, pois, não importa se você falhar ou obtiver sucesso, será criticado. Algumas das críticas serão merecidas. Se você as receber com dignidade e aprender com elas, obterá muitos benefícios. Outras críticas serão injustas. Existem pessoas que sempre encontrarão alguma fonte de insatisfação e, ao observar como elas criticam os outros, daria até para pensar que foram pagas por isso! Mas você precisa reagir bem a esse tipo de crítica também.

Ser criticado pode ser desanimador. Certo dia, quando estava me sentindo meio *pra* baixo, compartilhei o meu aborrecimento com as críticas com um amigo, e a resposta que ele me deu me ensinou demais.

— Quando você se sentir desanimado como líder — disse ele. — Pense em Moisés. Ele liderou um milhão de pessoas reclamando por quarenta anos e nunca chegou ao ponto final da jornada.

Moisés enfrentou muitas reclamações, críticas e até mesmo resmungos. Em alguns dias da minha jornada como líder, consigo simpatizar com Moisés. Aposto que, se ele precisasse começar de novo, faria uma anotação para não esquecer: "Da próxima vez, não pedir ao faraó que deixe *todo* o povo partir".

COMO VOCÊ LIDA COM AS CRÍTICAS?

Adoro a história do vendedor que foi cortar o cabelo e mencionou que estava prestes a fazer uma viagem para Roma, na Itália. Ele esperava que seu barbeiro ficasse empolgado, já que este era italiano.

— Roma é uma cidade terrivelmente superestimada — comentou o barbeiro, natural do norte da Itália. — Você vai voar por qual companhia aérea?

O vendedor mencionou o nome da empresa, e o barbeiro respondeu:

— Que companhia aérea horrível! Os assentos são apertados, a comida é ruim, e os voos sempre atrasam. Em que hotel você vai se hospedar?

O vendedor disse o nome do hotel, e o barbeiro rebateu:

— Por que você vai ficar lá? Esse hotel se localiza na pior parte da cidade e tem um serviço horrível. Sinceramente, seria melhor não sair de casa!

— Mas espero fechar um grande negócio enquanto estiver lá — respondeu o vendedor — E depois quero ver o papa.

— Você ficará decepcionado ao tentar fazer negócios na Itália — disse o barbeiro. — E nem se iluda com a expectativa de ver o papa. Ele só concede audiências a pessoas muito importantes.

Três semanas depois, o vendedor voltou à barbearia.

— E como foi a sua viagem? — perguntou o barbeiro.

— Maravilhosa! — respondeu o homem. — O voo foi perfeito, o atendimento no hotel foi excelente e fiz uma grande venda. E... — o vendedor fez uma pausa para causar efeito — tive a oportunidade de conhecer o papa!

— Você conseguiu ver o papa? — finalmente, o barbeiro ficou impressionado. — Conte-me como foi!

— Bem, quando me aproximei dele, me abaixei e beijei seu anel.

— Uau! Não acredito! E o que ele disse?

— Ele olhou para a minha cabeça e perguntou: "Meu filho, quem cortou o seu cabelo tão mal assim?".

Nem todo o mundo lida com as críticas da mesma maneira. Alguns tentam ignorá-las. Outros buscam se defender delas. Outros ainda, como o vendedor, usam uma observação espirituosa para colocar o crítico em seu devido lugar. Mas, não importa qual dessas posturas você adote, se for líder, invariavelmente *precisará* lidar com as críticas. E, se você for capaz de fazer isso com dignidade, as pessoas irão respeitá-lo.

> "É fácil evitar as críticas: é só não falar nada, não fazer nada, nem ser nada."
>
> — Aristóteles

COMO LIDAR COM AS CRÍTICAS COM DIGNIDADE

Uma vez que todos os líderes precisam lidar com a negatividade e as críticas, independentemente do cargo ou da profissão que desempenhem, é importante que aprendam a gerenciar tudo isso de forma construtiva. O filósofo grego Aristóteles disse: "É fácil evitar as críticas: é só não falar nada, não fazer nada, nem ser nada". No entanto, essa não é uma opção para quem deseja ter sucesso como líder. Então, o que fazer? O processo de quatro etapas a seguir me ajudou a lidar com as críticas, por isso o compartilho com você.

1. Conheça a si mesmo — é uma questão de realidade

Como jovem líder, levei apenas um ano para descobrir que qualquer um que ocupe uma posição de destaque certamente receberá críticas. Alguns ambientes são como o escritório no qual se conta que foi colocado o seguinte letreiro:

> **COMUNICADO:**
>
> Este departamento não requer nenhum programa de condicionamento físico: todos já fazem exercícios suficientes pulando para conclusões precipitadas, voando fora de controle, correndo para passar por cima do chefe, dando facadas nos colegas pelas costas, esquivando-se das responsabilidades e abusando da sorte.
>
> **Anônimo**

Uma vez que você já sabe que será criticado como líder, o que deve fazer? Primeiro, tenha uma visão realista acerca de si mesmo. Isso estabelecerá uma base sólida para você lidar com as críticas com sucesso. A autoconsciência é sua amiga. E o motivo é o seguinte: quando um líder está sendo criticado, muitas vezes é a posição de liderança que leva às observações negativas, não o líder em si. Você precisa ser capaz de separar as duas coisas, e só conseguirá fazer isso quando se conhecer. Se uma crítica é dirigida ao cargo, não é pessoal. Você deve aprender a desconectá-la da sua pessoa. Conhecer-se bem requer tempo e esforço.

Conforme observou Benjamin Franklin, um dos pais fundadores dos Estados Unidos: "Há três coisas extremamente duras: o aço, o diamante e conhecer a si mesmo". No entanto, o esforço vale a pena quando pensamos na recompensa.

Devo admitir que a maioria das críticas que recebi ao longo dos anos foi dirigida mais a mim do que ao cargo que eu ocupava. A boa notícia é que, muitas vezes, isso me ajudou a me conhecer melhor. Logo aprendi que, quando os outros começavam a conversa com a frase: "Vou dizer algo para o seu bem", raramente pareciam dizer algo que de fato me fizesse bem! No entanto, também percebi que, em geral, o que eu mais preciso ouvir costuma ser o que menos quero ouvir. A partir dessas conversas, aprendi muito sobre mim, incluindo o seguinte:

- Sou impaciente.
- Não sou realista quanto ao tempo que as coisas levam e ao nível de dificuldade do processo.
- Não aprecio gastar muito tempo com as questões emocionais das pessoas.

- Superestimo a capacidade dos outros.
- Faço pressuposições demais.
- Gosto de delegar responsabilidades rápido demais.
- Quero opções — tantas que posso acabar enlouquecendo as pessoas.
- Não ligo para regras nem para restrições.
- Defino depressa as minhas prioridades e tenho a expectativa de que os outros façam o mesmo.
- Processo os problemas rapidamente e quero seguir em frente — mesmo quando outras pessoas ainda não estão prontas para fazê-lo.

Obviamente, as coisas que descobri ao meu respeito não são nada lisonjeiras. No entanto, tais pontos fracos são uma realidade. Autoconsciência é saber identificar pontos fracos e fortes. Portanto, a pergunta é: "O que devo fazer diante de tudo isso?".

2. Mude a si mesmo — é uma questão de responsabilidade

O autor Aldous Huxley observou: "Conhecerás a verdade, e a verdade te irritará". Para ser mais consciente como líder, preciso examinar as críticas de maneira objetiva, independentemente de como elas sejam expressas. Com frequência, minha primeira reação natural à crítica não é positiva. Às vezes, ela fere os meus sentimentos, mas, na maior parte dos casos, o que eu sinto é raiva mesmo. No entanto, depois que a raiva diminui, o meu primeiro passo é analisar se a crítica em si é construtiva ou destrutiva. (Alguns dizem que

> "Conhecerás a verdade, e a verdade te irritará."
> — Aldous Huxley

crítica construtiva é quando eu critico você, ao passo que crítica destrutiva é quando você me critica!) Aqui estão as perguntas que faço para determinar que tipo de crítica recebi:

- **Quem me criticou?** Críticas adversas de uma pessoa sábia são mais desejáveis do que a aprovação entusiasmada de um tolo. A fonte importa, e muito.
- **Como a crítica foi feita?** Tento discernir se a pessoa transmitiu um tom de hostilidade ou julgamento, ou se me deu o benefício da dúvida e falou com gentileza.
- **Por que a crítica foi feita?** A crítica foi feita por causa de uma dor pessoal ou para o meu benefício? Pessoas feridas machucam os outros; elas atacam ou criticam para tentar se sentir melhor, não para contribuir. Mas as críticas também podem surgir porque alguém está genuinamente tentando ajudar.

É sempre mais fácil aceitar uma crítica construtiva. Contudo, mesmo a crítica destrutiva precisa ser avaliada em busca da verdade. E, quando reconheço que a crítica de alguém ao meu respeito é justificada, tenho a responsabilidade de fazer algo para resolver o problema. Isso faz parte do processo de me tornar um líder melhor. Se tenho uma reação adequada aos meus críticos, examinando-me e admitindo as minhas deficiências, estou me preparando para começar a fazer mudanças positivas na minha vida. Se fico na defensiva e nego os meus pontos fracos, diminuo a minha autoconsciência e interrompo o meu crescimento como líder.

Quer a crítica seja legítima, quer não, o que determina o meu crescimento como líder é a minha atitude ao recebê-la.

Meu amigo e especialista em gestão Ken Blanchard está correto ao afirmar que, quando algo sai errado, alguns líderes são como gaivotas: "Gerentes gaivotas entram voando, fazem muito barulho, defecam em cima de todo o mundo e depois saem voando de volta".[1] Gente com esse tipo de atitude em relação às más notícias não só se recusa a assumir a responsabilidade por sua parcela de contribuição para o problema, como também piora a vida de seus colegas de trabalho.

As pessoas só são capazes de mudar para melhor quando estão abertas a aperfeiçoamento, quando se mostram dispostas a receber críticas com dignidade. Por isso, sempre que sou criticado, procuro manter uma atitude nobre, usando as seguintes estratégias:

> Não ficar na defensiva,
> Procurar a verdade em meio à crítica,
> Fazer as mudanças necessárias,
> E escolher o caminho mais elevado.

Se eu fizer essas coisas, há uma chance muito boa de aprender coisas sobre mim mesmo, melhorar como líder e preservar os relacionamentos que tenho com os outros, incluindo os membros da minha equipe.

3. Aceite quem você é — é uma questão de maturidade

Jonas Salk, desenvolvedor da vacina Salk contra a poliomielite, recebeu muitas críticas, apesar de sua contribuição

---

[1] BLANCHARD, Ken; JOHNSON, Spencer. *The One-Minute Manager.* New York: William Morrow & Co., 1982 [em português: *O gerente-minuto.* Rio de Janeiro: Record, 1985].

extraordinária para a medicina. Ele comentou o seguinte em relação às críticas: "Primeiro as pessoas dirão que você está errado. Então dirão que você está certo, mas o que está fazendo não tem importância.

> Ser quem você realmente é consiste no primeiro passo para se tornar melhor do que você já é no momento.

Por fim, admitirão que você está certo e que o que está fazendo é muito importante, mas que, na verdade, elas já sabiam disso desde o início". Como os líderes podem lidar melhor com esse tipo de reação confusa da parte dos outros? Aprendendo a se aceitar. Se você tem se esforçado para conhecer a si mesmo e vem trabalhando duro para mudar o que é necessário, o que mais pode fazer?

O professor e escritor Leo Buscaglia aconselhou: "A pessoa mais fácil de ser no mundo é você mesmo. A pessoa mais difícil de ser é quem os outros querem que você seja. Não deixe que o coloquem nessa posição". Para ser a melhor pessoa que você pode ser — e o melhor líder — é fundamental ser você mesmo. Isso não significa não estar disposto a crescer e mudar. Significa apenas se esforçar para se tornar a melhor versão de *você* mesmo. E como o psicólogo Carl Rogers observou: "O paradoxo curioso é que só depois de me aceitar como sou é que posso mudar". Ser quem você realmente é consiste no primeiro passo para se tornar melhor do que você já é no momento.

Uma vez que já escrevi sobre trabalhar com base nos seus pontos fortes, algo que só se torna possível quando você se conhece e aceita quem você é, não preciso falar muito sobre isso aqui, a não ser enfatizar que aceitar a si mesmo é um sinal de maturidade. Se você se preocupa demais com o que os outros pensam ao seu respeito, é porque confia mais na opinião deles do que na sua. Ou está tentando esconder quem você realmente é. Mas, se você conhece e admite os seus pontos fracos, conhece os seus pontos fortes e trabalha com base neles, pode ser você mesmo com confiança. E como diz a consultora e *coach* executiva Judith Bardwick: "A verdadeira confiança vem de conhecer e aceitar a si mesmo — com os seus pontos fortes e as suas limitações — em contraste com a dependência da afirmação dos outros".

4. Esqueça-se de si mesmo — é uma questão de segurança

A etapa final no processo de lidar bem com as críticas é parar de focar em si mesmo. Quando éramos crianças, muitos de nós passávamos muito tempo nos preocupando com a forma como o mundo nos enxergava. Agora que tenho mais de 70 anos, percebo que, na verdade, o mundo nunca prestou muita atenção.

As pessoas seguras se esquecem de si mesmas para poderem se concentrar nos outros. Ao fazer isso, são capazes de enfrentar praticamente qualquer tipo de crítica — e até servir aos críticos. Há anos, faço de tudo e mais um pouco para desenvolver contato pessoal com os meus críticos. Eu os procuro e os cumprimento. Quero que saibam que os valorizo como pessoas, independentemente de qual é a sua atitude em relação a mim. Estar seguro de quem eu sou e me concentrar nos outros em vez de em mim mesmo me permite adotar a atitude mais nobre para com as pessoas. Tento colocar em prática o sentimento expresso por Pakenham Beatty, que aconselhou: "Aprenda a viver pela própria alma. Se as pessoas se opuserem a você, não dê atenção. Se as pessoas o odiarem, não se preocupe: cante sua música, sonhe seu sonho, mantenha-se firme na sua esperança e faça a sua oração".

Nós, líderes, devemos sempre levar a sério as nossas responsabilidades, mas não é saudável nos levar a sério demais.

Um provérbio chinês diz: "Bem-aventurados os que sabem rir de si mesmos. Eles nunca deixarão de se divertir". Devo admitir que tenho me divertido há anos!

Minha amiga Joyce Meyer observa: "Deus o ajudará a ser tudo que você pode ser, mas nunca permitirá que você tenha êxito em se tornar outra pessoa". É impossível fazer mais do que tentar ser tudo o que nós mesmos podemos ser. Se fizermos isso como líderes, daremos aos outros o nosso melhor e, às vezes, seremos machucados pelos outros também. Mas tudo bem. Esse é o preço de ser líder. Se aprendermos a receber esses golpes com dignidade, optarmos por trilhar o caminho mais nobre e continuarmos liderando, conquistaremos o respeito das outras pessoas. E nos respeitaremos ao longo desse processo.

> "Bem-aventurados os que sabem rir de si mesmos. Eles nunca deixarão de se divertir."
> — Provérbio chinês

***

Pergunta de reflexão para o líder consciente

Em que áreas tenho ficado na defensiva, fingindo que está tudo sob controle, quando, em vez disso, deveria aceitar críticas com dignidade e me esforçar para melhorar?

_____
_____
_____
_____
_____

CAPÍTULO 7

Admita os seus erros e aprenda com eles

"Nada é perfeito nesta vida — e isso inclui você! É melhor começar a se acostumar com isso. Se você quer progredir, vai cometer erros."

Certa vez, em uma conferência de liderança que eu estava ministrando, um jovem me procurou durante um dos intervalos e disse:

— Vou fundar a minha própria organização.

— Que coisa boa! — respondi.

— Sim! — continuou ele — Quero construir um negócio "do jeito certo". Assim, não precisarei lidar com nenhum problema!

— Sabe — eu disse quando ele se virava para sair —, você está cometendo o erro de achar que não irá cometer erro algum.

IGNORÂNCIA NÃO É SINÔNIMO DE FELICIDADE

Quando você é jovem e idealista, acha que é capaz de liderar melhor do que muitos dos que vieram antes. Sei muito bem que era assim que eu me sentia. Quando comecei a minha carreira, eu era positivo, arrojado, otimista — e completamente ingênuo. Com frequência, liderava com base em suposições. Com isso, quero dizer que, no meu zelo juvenil, eu costumava partir do pressuposto de que tudo estava bem. Não ficava de olho na possibilidade de problemas, porque não esperava encontrar nenhum.

O resultado? Eu era pego de surpresa. Sempre que isso acontecia, eu ficava perplexo. "Como uma coisa dessas pôde acontecer?" — eu me questionava.

Depois de ser pego de surpresa pela quarta ou quinta vez, em desespero, comecei a pedir ajuda a líderes experientes. Um deles me disse algo que mudou o meu jeito de liderar. Ele comentou: "John, o maior erro que você pode cometer é não se perguntar que erros você está cometendo".

Esse conselho colocou a minha jornada de liderança em um novo rumo. Foi a minha introdução ao pensamento realista — algo que eu não estava acostumado a adotar. Ao me avaliar, aprendi algumas coisas:

- Eu pensava muito pouco no que poderia dar errado.
- Eu presumia que o "caminho certo" seria livre de erros.
- Eu não reconhecia os erros que cometia para mim mesmo, nem para os outros.
- Eu não estava aprendendo com os meus erros.
- Eu não estava ajudando os outros por meio do ensino das lições aprendidas com os meus erros.

Se eu quisesse me tornar um líder melhor, precisaria mudar. Era fundamental parar de cometer o erro de não perguntar que erro eu estava cometendo. Eu precisava me tornar intencional em admitir os meus erros e aprender com eles.

RECEITA PARA FALHAR COM SUCESSO

Ninguém jamais entendeu as pessoas com mais precisão do que o inventor da borracha para lápis. Todo o mundo comete erros

— grandes e pequenos. Para receber o máximo de atenção, cometa um grande erro. Para causar o máximo de dano, não o admita! Isso o impedirá de crescer como líder. Quando se trata de definir fracasso ou sucesso, o que importa não é o número de erros que você comete, mas, sim, o número de vezes que você comete o mesmo erro. Se você quer aprender a falhar com sucesso e a lidar com o máximo de proveito com os erros que *comete*, é essencial fazer as cinco coisas descritas a seguir.

> Para receber o máximo de atenção, cometa um grande erro. Para causar o máximo de dano, não o admita!

1. Seja rápido em admitir os seus erros

Certa vez, enquanto palestrava para vários CEOs em uma conferência, eu os incentivei a serem abertos em relação a seus erros e pontos fracos com as pessoas que lideram. O ambiente ficou tenso e percebi claramente que os participantes estavam resistentes ao meu conselho.

Durante o intervalo seguinte, enquanto eu autografava alguns livros, o líder de uma empresa pediu para me ver em particular. Quando consegui fazer uma pausa, nós nos afastamos dos outros e ele disse:

— Discordo da sua sugestão de que devemos ser abertos com as pessoas em relação aos nossos fracassos.

Então ele começou a me explicar como era importante manter uma fachada forte e se mostrar totalmente confiante diante de seu pessoal.

Eu o ouvi, mas, quando ele terminou, comentei:

— Você está liderando os outros com base em um pressuposto falso.

— Como assim? — perguntou.

— Você presume que a sua equipe não conhece os seus pontos fracos nem enxerga os seus erros —respondi. — Confie em mim, eles já sabem de tudo isso. Quando você admite os seus erros, não é uma surpresa para os seus colaboradores, mas, sim, um alívio. Eles poderão olhar uns para os outros e dizer: "Ufa! Ele sabe. Agora não precisamos continuar fingindo!".

O primeiro passo para antecipar os erros e aprender com as falhas que você comete é se enxergar de forma realista e admitir os seus pontos fracos. É impossível melhorar como líder se você estiver ocupado demais tentando fingir que é perfeito.

O ex-capitão da Marinha dos Estados Unidos, Michael Abrashoff, escreveu no livro *Este barco também é seu*:

> Sempre que não conseguia os resultados que desejava, engolia meu temperamento e fazia uma reflexão interna para ver se eu era parte do problema. Eram três as perguntas que fazia para mim mesmo: "Articulei claramente os objetivos? Dei às pessoas tempo e recursos suficientes para realizar a tarefa? Eu lhes proporcionei treinamento adequado?". Descobri que, em 90% do tempo, eu era pelo menos tão responsável pelo problema quanto meu pessoal.[1]

Admitir os nossos fracassos e assumir a responsabilidade por eles nos permitirá dar o próximo passo.

---

1 ABRASHOFF, Michael. *It's Your Ship: Management Techniques from the Best Damn Ship in the Navy.* New York: Warner Business, 2002. P. 33 [em português: *Este barco também é seu: práticas inovadoras de gestão que levaram o USS Benfold a ser o melhor navio de guerra da Marinha americana.* São Paulo: Cultrix, 2006].

2. Aceite os erros como o preço do progresso

A psicóloga Joyce Brothers afirma: "A pessoa interessada no sucesso precisa aprender a ver o fracasso como parte saudável e inevitável do processo de chegar ao topo". Nada é perfeito nesta vida — e isso inclui você! É melhor começar a se acostumar com isso. Se você quer progredir, vai cometer erros.

Joe Montana, *quarterback* que faz parte do Hall da Fama do Futebol Americano Profissional, comentou:

> Se estragar tudo em campo na frente de milhões de telespectadores não fosse suficiente, na segunda-feira após cada partida eu revivia os meus erros — vez após vez, em câmera lenta e ouvindo os comentários dos treinadores! Mesmo quando ganhávamos, sempre reservávamos um tempo para rever os nossos erros. Quando você é forçado a enfrentar os seus erros com tanta frequência, aprende a não levar as suas falhas para o lado pessoal. Aprendi a falhar rápido, extrair lições com os meus erros e seguir em frente. Por que ficar se recriminando? Simplesmente faça melhor da próxima vez.

Nem todo mundo está disposto a confrontar seus próprios erros sem levar isso para o lado pessoal. Como Montana estava, ele se tornou um dos melhores jogadores da história do futebol americano. Sua liderança e sua capacidade

> "A pessoa interessada no sucesso precisa aprender a ver o fracasso como parte saudável e inevitável do processo de chegar ao topo."
> — Joyce Brothers

de lidar com a adversidade lhe renderam o apelido de "Joe de boa". Essas qualidades também o ajudaram a vencer quatro Super Bowls e a ser nomeado melhor jogador do Super Bowl três vezes. Se você deseja alcançar o seu potencial como líder, aceite que os erros são o preço do progresso.

3. Insista em aprender com os seus erros

O autor e especialista em liderança Tom Peters escreve: "Desde a menor filial até o nível corporativo, não há nada mais inútil do que o indivíduo que diz, no final do dia, como se estivesse elaborando o próprio boletim: 'Bem, consegui chegar ao fim do dia sem ferrar tudo'".

As pessoas costumam lançar mão de duas abordagens comuns quando deparam com o fracasso. Enquanto um grupo hesita e evita erros porque se sente inferior, o outro está ocupado cometendo erros, aprendendo com eles e se tornando superior. As pessoas podem ou fugir dos erros e se prejudicar, ou aprender com as próprias falhas e se ajudar. As pessoas que tentam evitar o fracasso a todo custo nunca aprendem e acabam repetindo os mesmos erros indefinidamente. Mas aqueles que estão dispostos a aprender com os seus fracassos nunca mais precisarão repeti-los. Como observou o autor William Saroyan: "Pessoas boas são boas porque alcançaram a sabedoria por meio do fracasso. Obtemos muito pouca sabedoria a partir do sucesso". Os líderes precisam seguir o exemplo dos cientistas. Na ciência, os erros sempre precedem a descoberta da verdade.

> "Pessoas boas são boas porque alcançaram a sabedoria por meio do fracasso. Obtemos muito pouca sabedoria a partir do sucesso."
> — William Saroyan

4. Pergunte a si mesmo e aos outros: "O que estamos deixando de enxergar?"

Algumas pessoas não esperam nada além de problemas. São pessimistas, então nem se dão ao trabalho de procurar algo de bom. Outros, como eu, têm a tendência natural de presumir que tudo vai bem. Mas qualquer uma dessas linhas de pensamento pode prejudicar um líder. Elizabeth Elliot, autora de *All That Was Ever Ours* [Tudo o que foi sempre nosso][2] destaca: "Todas as generalizações são falsas, inclusive esta, mas continuamos a fazê-las. Criamos imagens — imagens esculpidas que não podem ser alteradas; dispensamos ou aceitamos pessoas, produtos, programas e propagandas de acordo com os rótulos a que pertencem; sabemos pouco sobre algo, mas agimos como se soubéssemos tudo.". Os líderes precisam demonstrar mais discernimento.

> O valor de perguntar: "O que estamos deixando de enxergar?" está em fazer que todos parem e pensem.

É fácil tomar decisões com base no que sabemos. Mas sempre há coisas que desconhecemos. É fácil escolher uma direção com base no que vemos. Mas e o que não está diante dos nossos olhos? Ler nas entrelinhas é essencial para uma boa liderança. Temos maior probabilidade de fazer isso quando nos perguntamos: "O que estamos deixando de enxergar?".

O valor de perguntar: "O que estamos deixando de enxergar?" está em fazer que todos parem e pensem. Muita gente é capaz de ver o óbvio. É muito mais difícil identificar o que *não* está prontamente visível. Fazer perguntas difíceis leva as pessoas a pensar de maneira diferente. Não fazer perguntas é

---

[2] A frase "Todas as generalizações são falsas, inclusive esta" é originalmente atribuída a Mark Twain.

presumir que um projeto tem potencial para ser perfeito e que, se for executado com cuidado, não haverá problemas. Isso simplesmente não condiz com a realidade.

5. Dê às pessoas ao seu redor permissão para resistir

Recentemente, vi uma placa em um escritório de vendas agressivas que dizia: "Você gosta de viajar? Quer conhecer novos amigos? Deseja liberar o seu futuro? Tudo isso pode ser seu se você cometer mais um erro". O medo de cometer erros impede que muitos indivíduos alcancem seu potencial. O medo de ser honesto com os líderes sobre os possíveis problemas do caminho escolhido já prejudicou muitas equipes. Os melhores líderes deixam os membros de suas equipes à vontade para expressar suas opiniões.

Quando os líderes não ouvem as ideias de outras pessoas de sua equipe, o resultado pode ser desastroso. Abrashoff aborda esse problema em *Este barco também é seu*:

> No momento em que fiquei sabendo disso [do trágico naufrágio de um barco de pesca japonês na costa de Honolulu que foi atingido pelo submarino norte-americano Greeneville], lembrei-me de algo comum de acontecer em caso de acidentes: alguém pressente um possível perigo, mas não necessariamente comunica sua preocupação. À medida que a investigação de Greeneville avançava, li em um artigo do *New York Times* que a tripulação do submarino "respeitava demais o comandante para questionar seu julgamento". Se isso é respeito, não quero nem um pouco! Você precisa ter pessoas na sua organização que possam lhe dar um tapinha no ombro e dizer: "Esta é

mesmo a melhor opção?" ou "Diminua a velocidade" ou "Pense mais um pouco" ou "Vale a pena matar ou ferir alguém pelo que estamos fazendo?".

A história registra inúmeros incidentes em que capitães de navios ou gerentes de organizações permitiram que um clima de intimidação permeasse o local de trabalho, silenciando subordinados cujas advertências poderiam ter evitado o desastre. Mesmo quando a relutância em falar deriva da admiração pela habilidade e experiência do comandante, é fundamental criar um clima em que seja possível questionar as decisões e promover a prática de dupla verificação.[3]

É sempre melhor ter muitas mentes afiadas trabalhando juntas do que uma só trabalhando sozinha. Por ter aprendido essa lição, eu mudei. Deixei de ser alguém que evita notícias possivelmente ruins e passei a ser alguém que as procura ativamente. Há vários anos, dou permissão aos membros do meu círculo íntimo para me fazer perguntas difíceis e me dar sua opinião quando discordam de mim. Jamais quero cometer um erro e ouvir um membro da equipe dizer: "Eu sabia que seria uma decisão ruim". Prefiro que as pessoas me digam no início, não depois que tudo já aconteceu. A resistência antes de uma decisão ser tomada nunca é deslealdade. No entanto, questionar uma escolha depois que ela foi feita não é o que considero um bom trabalho em equipe.

Se você lidera pessoas, precisa lhes dar permissão para fazer perguntas difíceis e questionar as suas ideias. Essa permissão *precisa* ser concedida aos outros pelo líder. Com frequência, os líderes preferem ter seguidores que fingem que não

---

3 ABRASHOFF, *It's Your Ship*. P. 91-92.

veem, em vez de seguidores que falam com franqueza. Mas, se todos ficarem quietos quando as decisões estiverem sendo ponderadas, provavelmente não continuarão em silêncio depois que os problemas vierem à tona. O filósofo e estadista inglês Sir Francis Bacon observou: "Quem começa cheio de certezas termina com dúvidas; mas quem se contenta em começar cheio de dúvidas terminará com certezas".

- - - -

Cometer erros não fará de você um líder ruim; deixar de admitir seus erros, sim. Somente se procurar ativamente os erros, admiti-los, aprender com eles e antecipá-los, você e a sua equipe melhorarão.

* * *

Perguntas de reflexão para o líder consciente

Que erros estou negligenciando ou deixando de admitir? Por causa disso, que lições estou deixando de aprender? Caso eu venha demonstrando relutância em admitir erros, por que isso acontece? Como posso mudar para crescer nessa área?

_____
_____
_____
_____
_____

CAPÍTULO 8

Evite o microgerenciamento e comece a administrar as suas prioridades

"Se você não escolher aquilo de que está disposto a abrir mão, outra pessoa tomará essa decisão por você."

A maioria dos líderes sofre a tentação real de participar de tudo o que os membros de sua equipe fazem para garantir que as coisas corram bem. Isso é verdade sobretudo para líderes que tenham uma veia perfeccionista. No entanto, se você quer ser um líder melhor, precisa aprender a diferenciar o que requer a sua atenção e o que não requer. E, quando se trata de trabalhar com a sua equipe, é importante nunca microgerenciar. Os líderes conscientes evitam passar dos limites. Em vez disso, oferecem às pessoas o treinamento necessário, dão um passo para trás e as inspiram a dar o melhor de si. Seguem o conselho dado pelo general George S. Patton: "Não diga aos outros como fazer as coisas; diga-lhes o que fazer e deixe-os surpreendê-lo com os resultados".

No início da minha carreira, eu era um líder que gostava de pôr a mão na massa e me envolver em todas as áreas da organização. Precisei aprender a priorizar o que era importante fazer pessoalmente e o que deveria delegar aos outros. A minha virada de chave aconteceu em uma sala de aula na faculdade, onde eu fazia um curso de administração de empresas. O professor estava ensinando o Princípio de Pareto, também conhecido como Princípio 80/20.[1] Enquanto ele descrevia o princípio e seu impacto, vendas caíram dos meus olhos. O professor explicou que:

> 80% dos engarrafamentos ocorrem em 20% das estradas.
>
> 80% da cerveja vendida são consumidos por 20% dos que bebem.
>
> 80% da participação em sala de aula são atribuídos a 20% dos alunos.
>
> 80% do tempo você veste 20% das suas roupas.
>
> 80% dos lucros vêm de apenas 20% dos clientes.
>
> 80% dos problemas da empresa são causados por 20% dos funcionários.
>
> 80% das vendas são geradas por 20% dos vendedores.
>
> 80% de todas as decisões podem ser tomadas com base em 20% das informações.

Que revelação! Percebi que isso significava que os 20% das minhas atividades eram dezesseis vezes mais produtivos do que os 80% restantes. Se eu quisesse diminuir a complexidade da minha vida e aumentar a produtividade, precisava me concentrar em 20% das atividades. O restante podia ser feito por outros, que muito provavelmente desempenhariam essas tarefas tão bem ou melhor que eu. Naquele dia, na sala de aula, eu me dei conta de duas coisas: (1) eu estava fazendo coisas

---

[1] KRUSE, Kevin. "The 80/20 Rule and How It Can Change Your Life", *Forbes.com*. Disponível em: https://www.forbes.com/sites/kevinkruse/2016/03/07/80-20-rule/.

demais e (2) com frequência as coisas que eu fazia eram as coisas erradas. E essa é a receita para uma vida ineficaz!

IDENTIFIQUE O QUE É MAIS IMPORTANTE

Imediatamente comecei a reavaliar a minha forma de gastar o tempo. Eu sabia que precisava estabelecer prioridades na minha agenda, então comecei a me fazer três perguntas:

1. O que me dá maior retorno?
2. O que é mais gratificante?
3. O que é exigido de mim?

As minhas respostas seriam a chave para como eu passaria a administrar *a mim mesmo*. E, naquilo que eu delegava, pedia aos membros da equipe que gerenciassem *a si mesmos*.

Não estou dizendo que é sempre fácil responder a essas três perguntas. No início da carreira, a mais fácil de responder costuma ser a que diz respeito às exigências. É possível encontrar essa resposta em uma descrição de função, se houver uma. Em contrapartida, a maioria das pessoas só começa a ter uma noção real do que dá maior retorno a seus esforços depois dos 30 anos e, às vezes, até mais tarde na vida. E o que é mais gratificante para uma pessoa costuma mudar ao longo das diferentes fases da vida.

Enquanto eu trabalhava, refletia e crescia, lentamente comecei a descobrir as respostas para essas três perguntas cruciais. O meu princípio orientador era que o propósito do meu trabalho correspondia aos *resultados*. Se eu quisesse alcançar objetivos e ser produtivo, precisava acrescentar reflexão, estrutura, sistemas, planejamento, inteligência e propósito honesto

> "As faculdades de administração recompensam mais o comportamento difícil e complexo do que o comportamento simples. Todavia, o comportamento simples é mais eficaz."
>
> — Warren Buffet

a tudo o que fazia. Mas eu também sabia que era necessário manter as coisas simples.

Eu havia lido um estudo com 39 empresas de médio porte afirmando que a característica que diferenciava as empresas bem-sucedidas das malsucedidas era a simplicidade. As empresas que vendiam poucos produtos, para menos clientes e com menos fornecedores do que outras empresas do mesmo setor eram mais lucrativas. Operações simples e focadas davam mais retorno. Como Warren Buffet observa: "As faculdades de administração recompensam mais o comportamento difícil e complexo do que o comportamento simples. Todavia, o comportamento simples é mais eficaz". Buscar a simplicidade me ajudou a manter o foco no que eu faço de melhor, depositando nisso a minha energia e confiando que os outros farão o melhor nas áreas em que eles sabem brilhar.

Nesse período da minha vida, deixei de ser um realizador de muitas coisas para me tornar um líder de poucas coisas. A chave para essa transição foram cinco decisões que tomei, as quais me ajudaram a me tornar mais focado e produtivo. Elas poderão ajudar você também à medida que trabalha mais para administrar a si mesmo e resiste ao impulso de microgerenciar os outros.

1. Decidi não saber de tudo

Algumas pessoas acreditam que os grandes líderes têm todas as respostas. Isso não é verdade. Os líderes de sucesso não sabem de tudo. Mas conhecem as pessoas que sabem. Se você me fizer uma pergunta relacionada a uma das minhas organizações e eu não souber a resposta, sei quem dentro da organização sabe. Se você perguntar sobre a minha profissão, posso não saber a resposta, mas com um ou dois telefonemas consigo falar com alguém capaz de responder. E, se você perguntar sobre detalhes da minha vida e agenda e eu não souber a resposta, garanto que há pelo menos uma pessoa que sabe — a minha assistente.

A decisão mais importante que tomei para manter o foco e simplificar a minha vida foi contratar uma assistente de primeira. Há mais de trinta anos, esse papel tem sido desempenhado por Linda Eggers. O valor dela para mim é inestimável.

A minha assistente é o principal centro de informações da minha vida. Tudo flui para ela e por meio dela. Confio que ela saberá de tudo, para que eu não precise saber. E o mais importante: ela aprendeu a filtrar as informações e identificar os detalhes mais cruciais. Lembre-se, apenas 20% de todas as informações que você recebe lhe darão 80% do que você precisa para tomar boas decisões. Quando nos comunicamos, Linda me passa as informações essenciais de que necessito. Isso me permite entender o que fazer a seguir, me ajuda a saber por que aquilo é importante e me capacita a trazer à tona os recursos apropriados para atender à necessidade em questão. É melhor para os líderes saber as coisas mais importantes do que saber de tudo. Esse é um grande passo para afastar a tendência ao microgerenciamento alheio.

Se você é líder e não tem um bom assistente, precisa tentar contratar um. Essa é a primeira e mais importante decisão de contratação que todo executivo precisa tomar. Se você conta com a pessoa certa nessa função, pode

> É melhor para os líderes saber as coisas mais importantes do que saber de tudo.

> Em qualquer organização, os problemas sempre devem ser resolvidos no nível mais imediato possível.

ter a mente focada no principal enquanto o seu assistente pensa em todo o restante.

Se você não tem um assistente ou não pode pagar por um, precisa pensar nos membros da sua equipe com quem é possível dividir a carga. Conheça-os bem e dê a eles tarefas correspondentes a seus pontos fortes. Em seguida, saia do caminho e permita que eles tenham sucesso, fracassem, aprendam e cresçam. Lembre-se de que a maioria das tarefas não precisa ser feita do seu jeito. O importante é que o trabalho seja feito do modo que mais beneficie a organização.

2. Decidi não saber de tudo primeiro

A maioria das pessoas tem o forte desejo natural de estar "por dentro". É por isso que *sites* de fofoca e tabloides se saem tão bem. Os líderes também têm um forte desejo de estar "por dentro" quando se trata de suas organizações. Nenhum líder gosta de ser pego de surpresa. No entanto, bons líderes não podem se dar ao luxo de se envolver em cada pequeno detalhe da organização. Se fizerem, acabarão perdendo a perspectiva e a capacidade de liderar. Qual é a solução? Decidir que está tudo bem não ser o primeiro a saber de tudo.

Em qualquer organização, a melhor maneira de resolver problemas — e a mais rápida também — é sempre encontrar soluções no nível mais imediato possível. Se todos os problemas precisarem ser compartilhados primeiro com os líderes, as soluções se tornam mais complexas e demoram uma eternidade. Além disso, quem está na linha de frente costuma oferecer as melhores soluções, seja na linha de produção, na linha de batalha ou na linha do pão.

A minha assistente sabe quase tudo que acontece nas minhas organizações antes de mim. O meu CEO também, assim como os vice-presidentes das diferentes divisões. Eu confio que eles estarão por dentro do que está acontecendo. Eles me mantêm informado do que é importante. E, se precisarem me dar más notícias, faço questão de não "descontar no mensageiro". Descarregar as suas frustrações nas pessoas que lhe trazem informações ruins é uma forma certeira de interromper rapidamente o fluxo de comunicação.

3. Decidi deixar alguém me representar

Todo líder precisa aprender a parar de simplesmente tomar medidas pessoais para cumprir a visão e começar a alistar e capacitar outras pessoas para agir. (As pessoas que não aprendem esta lição nunca se tornam líderes eficazes.) No entanto, nem todos os líderes dão o próximo passo difícil de permitir que outras pessoas os substituam como seus representantes. Por quê? Porque isso requer um nível ainda mais profundo de confiança. Se alguém o representar falsamente, não cumprir o combinado ou fizer algo antiético em seu nome, isso refletirá pessoalmente em você e poderá manchar a sua reputação.

A decisão de deixar que outros o representem requer muito tempo e reflexão. A confiança não deve ser concedida sem pensar. Você precisa conhecer as pessoas em quem deposita a sua confiança, e elas devem continuar se esforçando para merecê-la por meio de um período estendido de desempenho comprovado. Quanto mais você investe em tais pessoas, menor é o risco e maior o potencial de retorno. Depois de alcançar esse nível de confiança com o seu pessoal, você ficará ainda mais livre para manter o foco nas coisas principais, naquilo que realmente importa.

Sou abençoado por ter na minha vida várias pessoas que fazem isso. Linda Eggers, a minha assistente, me representa em reuniões, programa a minha agenda e cuida das minhas finanças e correspondências. Quando ela fala com outras pessoas em meu nome, fala com a minha autoridade. Charlie Wetzel, o meu escritor, se comunica com a minha voz e as minhas ideias por meio dos livros nos quais trabalhamos juntos. Mark Cole, o meu CEO, fala em meu nome não apenas dentro das minhas organizações, mas também para líderes e organizações ao redor do mundo. Essas pessoas e outras me ajudaram a me sentir mais confortável em abrir mão do controle e confiar nos outros.

Vários anos atrás, a minha confiança nas outras pessoas atingiu um nível totalmente diferente. Quando foi sugerido que criássemos uma organização de *coaching* usando o meu nome, pensei muito antes de consentir. Parecia um grande risco permitir que mais pessoas usassem o meu nome, mas percebi que, se quisesse expandir a minha influência e ampliar o meu legado, precisaria permitir que outras pessoas me representassem de forma mais ampla. Foi então que criamos o John Maxwell Team [a equipe John Maxwell]. Durante o treinamento dos membros da equipe, passo muito tempo conversando com cada um sobre os meus valores e como quero que eles valorizem as pessoas. Depois do período de capacitação, porém, preciso simplesmente confiar que farão a coisa certa.

Como decidir se outra pessoa pode ser seu representante, mesmo quando a pressão e os riscos estão em alta? Primeiro, você deve conhecer o coração dessa pessoa bem o suficiente para confiar em seu caráter. Em segundo lugar, é necessário ter vínculo suficiente com essa pessoa para que ela, por sua vez, também conheça o seu coração e a sua mente. Terceiro, você precisa acreditar na competência do possível representante.

Se for alguém que consiga fazer o trabalho 80% tão bem quanto você faria, então ele está preparado. Deixe-o representar você.

> Cinquenta por cento de ser inteligente é ter consciência de quanto você é burro.

4. Decidi atuar com base nos meus pontos fortes e não insistir nos meus pontos fracos

Cinquenta por cento de ser inteligente é ter consciência de quanto você é burro. Já que me aprofundei nesse assunto no capítulo "Conheça os seus pontos fortes e trabalhe com eles", não preciso fazer o mesmo de novo aqui. Mas me permita encorajar você com as seguintes palavras que li no *Gallup Management Journal*:

> A descoberta mais reveladora [sobre os grandes líderes que eles estudaram] foi que os líderes eficazes têm senso aguçado dos próprios pontos fortes e fracos. Eles *sabem quem são* — e quem não são. Não tentam ser tudo para todas as pessoas. Sua personalidade e seu comportamento são iguais no trabalho e em casa. Eles são genuínos. É essa ausência de fingimento que os ajuda a se conectar tão bem com os outros.[2]

Sempre me esforço para trabalhar com base nos meus pontos fortes. Talvez eu tenha aprendido bem essa lição porque tenho a tendência natural de me concentrar em poucas coisas. Não gosto de fazer nada de maneira superficial. Gosto de realizar as coisas com excelência, usando toda a minha concentração;

---

2 Conchie, Barry. "The Demands of Executive Leadership: What Separates Great Leaders from All the Rest?", *Gallup Management Journal*, 13 de maio de 2004. Disponível em: https://news.gallup.com/businessjournal/11614/seven-demands-leadership.aspx.

caso não seja possível, prefiro delegar. Preciso admitir: não sou uma pessoa completa e só sei fazer bem algumas coisas. Mas o grande princípio é que, dentro dos meus pontos fortes, dou tudo de mim e busco um desempenho de excelência.

5. Decidi assumir o controle do que consome o meu tempo e a minha atenção

O último grande passo que dei foi começar a me administrar melhor, assumindo o controle do meu calendário. Isso não foi fácil para mim. Gosto de ajudar as pessoas e, nos primeiros anos de carreira, tendia a deixar que outros definissem a minha agenda e preenchessem o meu calendário. Até que, certo dia, percebi que não conseguiria cumprir o meu propósito se continuasse a cumprir para sempre o propósito de todos os outros.

Todo líder é ocupado. A pergunta que deve ser feita *não* é: "A minha agenda estará cheia?", mas sim: "*Quem* preencherá a minha agenda?". Se você não assumir o controle da sua agenda, os outros sempre estarão no comando.

Se você começar a agir da maneira que eu fiz, precisará mudar o seu método de escolha a respeito do que fará. Comecei a minha carreira fazendo as coisas que me ensinaram a fazer na faculdade — tivessem elas valor ou não. Então passei a fazer as coisas que os outros queriam que eu fizesse. À medida que me tornei mais proativo e busquei ser bem-sucedido, comecei a fazer as coisas que via outros líderes fazendo. Por fim, passei a fazer as coisas que *eu* deveria fazer — aquilo que gerava maior retorno e mais recompensas. E comecei a delegar todo o resto.

> A pergunta para todo líder não é: "A minha agenda estará cheia?", mas sim: "Quem preencherá a minha agenda?".

C. W. Ceran observou: "Gênio é quem tem a capacidade de reduzir o complexo ao simples". Manter-se focado em fazer o seu melhor em vez de microgerenciar os outros exige simplificação. Se você for capaz de simplificar a sua vida, ficará mais focado, terá mais energia e enfrentará menos estresse. Como todas as decisões na vida, a simplificação consiste em uma escolha que envolve perdas. Ninguém consegue fazer tudo. Escolher fazer uma coisa significa necessariamente decidir não fazer outra. Representa dizer não, mesmo para algumas coisas que você queira fazer. Mas pense na alternativa. Se você não escolher aquilo de que está disposto a abrir mão, outra pessoa tomará essa decisão por você.

> "Gênio é quem tem a capacidade de reduzir o complexo ao simples."
> — C. W. Ceran

Certa vez, em uma convenção de treinadores, o ex-técnico do Green Bay Packers, Vince Lombardi, foi questionado sobre suas estratégias de ataque e defesa para vencer partidas de futebol americano. Outros treinadores haviam acabado de descrever seus esquemas elaborados. Lombardi, que era famoso por começar as sessões de treinamento todos os anos segurando uma bola e dizendo: "Isto é uma bola de futebol americano", respondeu: "Tenho apenas duas estratégias. A minha estratégia ofensiva é simples: quando estamos com a bola, o nosso objetivo é derrubar o outro time! A minha estratégia defensiva é semelhante: quando o outro time tem a posse da bola, o nosso objetivo é derrubar todos eles!".[3] Isso pode parecer simples demais, porém, na verdade, não deixa de ser o principal

---

3 TOLER, Stan; GILBERT, Larry. *Pastor's Playbook: Coaching Your Team for Ministry*. Kansas City: Beacon Hill Press, 1999 [em português: *Treinadores de líderes: desenvolvendo equipes ministeriais eficazes*. Rio de Janeiro: CPAD, 2015].

fator para vencer jogos na Liga de Futebol Americano (NFL). Lombardi preparou seus jogadores para fazer exatamente isso e, como resultado, eles ganharam o Super Bowl.

Sempre que os tempos ficam difíceis ou os prazos se aproximam, não pressione o seu pessoal. Capacite-os. Quando conseguir melhorar no gerenciamento das suas prioridades e resistir ao desejo de microgerenciar os outros, você se tornará mais eficaz, e a sua equipe também o fará. Isso beneficiará você, eles e a sua organização.

***

Perguntas de reflexão para o líder consciente

Quando estou sob pressão, tento controlar os outros membros da minha equipe? Ou trabalho para priorizar as minhas responsabilidades a fim de ter condições de dar o meu melhor? Em que áreas posso delegar mais poder de decisão a outros?

CAPÍTULO 9

Torne-se o melhor aprendiz do lugar

"Se você quer ser um líder consciente, precisa ser um aprendiz intencional. Se deseja se tornar o melhor líder possível, é necessário se tornar o melhor aprendiz do pedaço."

Eu estava tomando café da manhã no hotel Holiday Inn em Lancaster, Ohio, com Curt Kampmeier, um vendedor que acabara de conhecer, quando ele se inclinou na minha direção e fez uma pergunta que mudaria a minha maneira de viver e liderar.

— John, qual é o seu plano de crescimento pessoal?

Passei a falar sobre todas as iniciativas que eu havia lançado como líder e sobre como estava trabalhando duro. Enquanto eu falava, descrevia muitos planos, mas nenhum de crescimento pessoal. Eu nem sabia que precisava de um!

Antes dessa reunião, eu acreditava que trabalhar duro era o suficiente para me ajudar a crescer e alcançar o meu pleno potencial. Não era assim que deveria ser? Você trabalha duro, sobe a escada profissional, até que um dia "chega lá"?

A minha tentativa inútil de impressionar Curt foi como um avião sobrevoando um aeroporto à espera de autorização para pousar. Dei voltas e mais voltas até que fiquei sem combustível.

— Você não tem um plano pessoal de crescimento, tem?

— Não! — finalmente admiti — Pelo visto, não tenho ainda.

A frase seguinte que ele me disse provocou uma transformação na minha vida.

— Sabe, John, as pessoas não crescem automaticamente. — explicou Curt — Para crescer, você precisa de intencionalidade.

Essa conversa ocorreu em 1973, embora permaneça tão clara na minha memória como se tivéssemos dialogado semana passada. Isso me estimulou à ação. Imediatamente adotei um plano de crescimento para a minha vida. E decidi me tornar um eterno aprendiz.

Depois dessa experiência, o crescimento pessoal se transformou em um dos principais temas da minha vida. Há décadas, tenho falado às pessoas em conferências sobre a questão do crescimento pessoal e ofereço vários planos diferentes que sei que podem ajudá-las. Às vezes, recebo críticas por isso. Lembro-me de uma pessoa que se aproximou de mim em certa ocasião e disse:

— Não gosto do seu plano de crescimento pessoal.

— Tudo bem — respondi. — E qual é o seu plano?

— Eu não tenho nenhum — disse ele.

— Bom, gosto mais do meu então!

Suspeito que ele acreditasse que o único motivo para eu falar sobre o meu plano de crescimento era vender livros. O que ele não fazia ideia era que comecei a mencionar o desenvolvimento de um plano de crescimento pessoal muito antes de ter algum livro ou vídeo para vender. Aprendi que as pessoas não atingem seu potencial por acaso. O segredo do sucesso pode ser encontrado na nossa agenda diária. Se fizermos algo intencional para crescer todos os dias, aumentaremos muito a chance de alcançar o nosso potencial. Se não o fizermos, o nosso potencial se esvairá lentamente ao longo da nossa vida.

Se você quer ser um líder consciente, precisa ser um aprendiz intencional. Se deseja se tornar o melhor líder possível, é necessário se tornar o melhor aprendiz do pedaço.

COMO VOCÊ PODE CRESCER?

Enquanto você busca aprender e crescer como líder, quero lhe dar alguns conselhos sobre como abordar o processo. Depois de mais de quatro décadas de esforço contínuo e dedicado para aprender e crescer, ofereço as sugestões a seguir.

1. Invista primeiro em você

A maioria dos líderes deseja expandir seus negócios ou suas organizações. Mas qual é o fator primordial — mais do que qualquer outro — que determinará o crescimento dessa organização? O crescimento das pessoas na organização. E o que determina o crescimento das pessoas? O crescimento de seu líder! Como líderes, as nossas limitações restringem aqueles que lideramos. Enquanto as pessoas estiverem seguindo você, conseguirão chegar apenas até onde você for. Se você não está crescendo, é menos provável que elas cresçam. E, se elas desejarem crescimento e você as limitar, irão embora e procurarão outro lugar onde *realmente* possam crescer.

Quando eu era um jovem líder, gastei muito dinheiro em livros e conferências. Minha esposa Margaret e eu precisamos abrir mão de muitas coisas para isso porque tínhamos uma renda muito limitada. Em diversas ocasiões, adiamos outros gastos importantes para poder investir em nós mesmos. Embora tenha sido difícil, os nossos primeiros investimentos em crescimento aumentaram ao longo dos anos e deram grande retorno para o aperfeiçoamento da minha liderança.

Investir em si mesmo primeiro pode parecer egoísta para algumas pessoas à sua volta. Elas podem até criticar você por isso. Contudo, se o fizerem, é porque não entendem de fato como o crescimento funciona. Quando os comissários de bordo explicam os procedimentos de emergência, orientam os passageiros que posicionem primeiro a própria máscara de oxigênio antes de colocar máscaras nos filhos. Essa instrução é egoísta? Claro que não! A segurança e o bem-estar das crianças dependem de seus pais serem capazes de ajudá-las. Como líder, você é responsável pelo seu pessoal. Eles dependem de você! Se você não está em condições de liderar bem, como eles ficam?

Olhando ao seu redor, você será capaz de identificar um padrão em ação em todas as áreas da vida. Os funcionários melhoram depois que seu supervisor melhora. As crianças melhoram depois que seus pais melhoram. Os alunos melhoram depois que seus professores melhoram. Os clientes melhoram depois que os vendedores melhoram. Da mesma forma, os seguidores ficam melhores depois que seus líderes melhoram. É um princípio universal. O presidente Harry S. Truman disse: "Só é possível liderar os outros depois de aprender a liderar a si mesmo". Você só será capaz de se liderar da melhor forma possível se investir primeiro em si mesmo.

2. Seja um aprendiz contínuo

Quando um líder atinge determinada posição ou certo nível de treinamento, começa a tentação de descansar ou relaxar. Esse é um lugar perigoso para se estar. Rick Warren, autor de *Uma vida com propósitos*, diz: "O momento em que você para de aprender é o momento em que para de liderar".[1] Se você quer

---

1 São Paulo: Vida, 2013. [N. do R.]

liderar, precisa aprender. Se você quer *continuar* na liderança, precisa *continuar* aprendendo. Isso lhe garantirá sentir o anseio por realizações cada vez maiores. E o ajudará a manter a credibilidade diante daqueles que o seguem.

Uma das pessoas mais influentes no mundo do golfe foi, por muitos anos, Harvey Penick. O autor do *best-seller* O *pequeno livro vermelho de golfe: lições e ensinamentos de uma vida dedicada ao golfe*[2] ensinou a jogadores profissionais como Ben Crenshaw, Tom Kite, Kathy Wentworth, Sandra Palmer e Mickey Wright como melhorar seu desempenho. Quando Crenshaw venceu o Masters Tournament em 1995, ele desabou e caiu no choro porque Penick, seu mentor ao longo da vida inteira, havia falecido fazia pouco tempo.

> Se você quer liderar, precisa aprender. Se você quer *continuar* na liderança, precisa *continuar* aprendendo.

Você pode se surpreender ao saber que Penick foi um grande autodidata. Por décadas, ele carregou consigo um caderninho vermelho no qual fazia notas e observações para ajudá-lo a melhorar o próprio desempenho. Ele era um aprendiz contínuo.

E, cada vez que ele melhorava, as pessoas a quem ele ensinava também melhoravam. Ironicamente, Penick nunca teve a intenção de publicar suas anotações. Ele simplesmente planejava entregar o livro ao filho. Mas as pessoas o convenceram a publicar todas as lições aprendidas ao longo dos anos. Como resultado, ainda há gente aprendendo com ele e se beneficiando de sua sabedoria.

No meu livro *Vencendo com as pessoas*,[3] escrevo sobre o Princípio de Aprendizado, que diz: "Cada pessoa que conhecemos tem potencial para nos ensinar algo". Manter uma atitude de

---

2 Rio de Janeiro: Nórdica, 1992. [N.do R.]
3 São Paulo: Vida Melhor, 2016. [N. do R.]

> O maior obstáculo à descoberta não é a ignorância, nem a falta de inteligência, mas, sim, a ilusão de conhecimento.

abertura ao ensino é essencial para ser um aprendiz contínuo. Ao contrário da crença popular, o maior obstáculo à descoberta não é a ignorância, nem a falta de inteligência, mas, sim, a ilusão de conhecimento. Um dos grandes perigos da vida é acreditar que você já chegou lá. Os líderes que carecem de autoconsciência muitas vezes acreditam erroneamente nisso. Caso essa sensação lhe sobrevenha, pode ter certeza de que você parou de crescer.

Os líderes conscientes não veem o aprendizado ou a conquista como um destino fixo para o qual se dirigir e, ao chegar, se acomodar por completo para nunca mais sair. Jamais ouvi um aprendiz contínuo descrever a expectativa de chegar ao fim dos desafios da vida. Ele está sempre olhando mais à frente e continua a exibir entusiasmo, curiosidade ou admiração. Uma de suas características mais envolventes é o desejo contagiante de continuar avançando rumo ao futuro, superando novos desafios e acreditando que há mais para aprender e realizar. Eles entendem que não dá para conquistar o mundo permanecendo em um porto seguro.

Que tipo de atitude você tem quando se trata de aprender? Observei que as pessoas se enquadram em uma entre várias categorias. E vivem em uma das três zonas a seguir:

1. **A zona do desafio**: "Tento fazer o que nunca fiz antes".
2. **A zona de conforto**: "Faço aquilo que já sei que sou capaz de fazer".
3. **A zona de declínio**: "Não faço nem o que eu fazia antes".

Todos começam na zona de desafio. Quando bebês, precisamos aprender a comer, falar e andar. Então vamos para a escola e continuamos aprendendo. Chega, porém, um momento na vida de todas as pessoas em que elas não *precisam* mais tentar fazer coisas novas. Trata-se de um período crucial. Para alguns, ocorre bem cedo na vida. Para outros, acontece depois de alcançarem algum grau de sucesso. É quando decidem em que zona vão viver: a zona de desafio, na qual continuam a tentar coisas novas, explorar — e às vezes falham; a zona de conforto, na qual não correm mais riscos; ou a zona de declínio, na qual nem tentam mais.

Algo muda quando uma pessoa escolhe deixar a zona de desafio e parar de crescer. Conforme afirmou Phillips Brooks: "É triste, para qualquer ser humano, o dia em que ele fica absolutamente satisfeito com a vida que leva, com os pensamentos que tem e com as ações que pratica; quando deixa de haver uma batida constante à porta, movida pelo desejo de fazer algo maior que ele busca e sabe que foi criado e destinado para fazer".

Não há substituto para o aprendizado contínuo. Ao longo dos anos, desenvolvi um regime de crescimento altamente disciplinado:

EU LEIO diariamente para crescer na minha vida pessoal.

EU OUÇO diariamente para ampliar a minha perspectiva.

EU PENSO diariamente para aplicar o que aprendo.

EU ARQUIVO diariamente para preservar o que aprendo.

Tento seguir o conselho do filósofo alemão Goethe, que disse: "Nunca passe um dia sem olhar para uma obra de arte perfeita, ouvir uma grande peça musical e ler, em parte, algum grande livro".

> "Liderança e aprendizado são indispensáveis um para o outro."
> — John F. Kennedy

Adotar esse tipo de rotina exigiu que eu mudasse a minha mentalidade. Ao longo dos meus primeiros anos na liderança, eu gostava de ser o "Sr. Sabe-Tudo" — o especialista a quem outros podiam recorrer para obter respostas, o cara mais inteligente do pedaço. Após a minha conversa com Curt em 1973, decidi me tornar o "Sr. Mente Aberta" — alguém com abertura para aprender e que sente o desejo de crescer a cada dia. Passei a ter o objetivo de me tornar o melhor *aprendiz* do pedaço. O meu desejo é continuar crescendo e aprendendo até o dia da minha morte, não apenas para benefício próprio, mas também para beneficiar os outros. Não posso me dar ao luxo de esquecer o que o presidente John F. Kennedy disse: "Liderança e aprendizado são indispensáveis um para o outro".

3. Crie um ambiente de crescimento para as pessoas que você lidera

Logo depois que resolvi ser uma pessoa em aprendizado contínuo, percebi que a maioria dos ambientes de trabalho não é propícia ao crescimento. Vi que muitos dos meus velhos amigos não queriam continuar crescendo. Na mente deles, já haviam cumprido seus deveres ao fazer faculdade e se formar. Tanto quanto lhes dizia respeito, já sabiam o suficiente. Haviam chegado lá. De muitas maneiras, eram como a garotinha que pensou ter esgotado a matemática quando aprendeu a tabuada do 12. Quando seu avô lhe perguntou, com uma piscadela:

— Quanto é 13 vezes 13?

Ela zombou:

— Não seja bobo, vovô, isso não existe!

A estrada para o sucesso é morro acima o tempo inteiro, e a maioria das pessoas não está disposta a pagar o preço. Muita gente prefere lidar com velhos problemas a encontrar novas soluções. E quem se satisfaz em ser mediano tenta a todo custo rebaixar qualquer pessoa ao seu redor que esteja se esforçando para superar esse padrão. Para ser um eterno aprendiz, precisei sair de um ambiente estagnado e me distanciar de pessoas que não tinham vontade de crescer. Procurei lugares onde o crescimento fosse valorizado e as pessoas estivessem crescendo. Isso me ajudou a mudar e crescer, sobretudo no início da minha jornada.

Se você está investindo em si mesmo e adotou a atitude de aprendiz contínuo, pode achar que já fez tudo o que precisava na área de crescimento pessoal. Como líder, porém, você tem mais uma responsabilidade. É fundamental criar um ambiente positivo de crescimento para as pessoas que você lidera. Caso contrário, aqueles na sua organização que desejarem crescer terão dificuldade em fazê-lo e poderão acabar saindo em busca de outras oportunidades.

A criação de um ambiente de crescimento começa com o seu exemplo de crescimento. Quando você é o melhor aprendiz do pedaço, os membros da sua equipe se sentem seguros em serem aprendizes também, em vez de especialistas. Mas há outros fatores que podem promover um ambiente propício para o crescimento. Em um ambiente desse tipo, os membros da equipe são capazes de olhar em volta e dizer a si mesmos:

- Há outros à minha frente.
- Sou constantemente desafiado.
- O meu foco está em avançar.
- O clima é acolhedor.
- Sou impulsionado com frequência para fora da minha zona de conforto.
- Acordo animado.

- O fracasso não é meu inimigo.
- Os outros ao meu redor estão crescendo.
- As pessoas desejam mudanças.
- Vejo modelos de crescimento e é esperado que eu cresça também.

Se você conseguir criar um ambiente assim, não só os membros da sua equipe crescerão e melhorarão, como também outras pessoas com grande potencial baterão à sua porta para fazer parte dessa equipe! Isso transformará a sua organização.

A DIFERENÇA QUE AS PESSOAS FAZEM

Se você não tem se concentrado em aprender e caiu na zona de conforto ou na zona de declínio, pode ser necessário procurar ajuda para mudar. A boa notícia é que existe auxílio disponível ao seu redor. Walt Disney comentou: "Sou parte de tudo o que conheço". O segredo para o seu crescimento pode ser encontrado nas pessoas que o cercam. As atitudes e ações das pessoas repercutem umas nas outras.

O meu pai adora contar a história do homem que tentou entrar com sua mula na tradicional corrida de cavalos Kentucky Derby. Ele foi imediatamente rejeitado e repreendido.

— A sua mula não tem chance de vencer uma corrida contra puros-sangues! — repreenderam os organizadores do evento.

— Eu sei — respondeu o homem —, mas pensei que as companhias lhe fariam bem.

Estar perto de pessoas que são melhores do que nós acaba nos motivando a crescer e nos aperfeiçoar. Nem sempre é confortável, mas jamais deixa de ser proveitoso. Conta-se que, toda vez que o grande poeta Emerson encontrava o grande ensaísta Thoreau, eles perguntavam um ao outro: "O que ficou mais claro para você desde a última vez que nos vimos?". Cada um queria saber o que o outro estava aprendendo. As grandes pessoas desejam trazer à tona a grandeza dos outros. As pessoas pequenas tentarão colocar em você os mesmos limites que impuseram sobre si mesmas.

Devo agradecer a Curt por me ajudar a entender o valor do crescimento tão cedo na minha carreira. Um ano depois da minha conversa com ele, percebi que eu estava aprendendo, crescendo e mudando. E continuo a crescer. Ainda estou lendo. Ainda tenho o hábito de fazer perguntas. Ainda sento para conversar com pessoas que podem me ensinar algo.

Dizem que as tribos tártaras da Ásia Central costumavam proferir uma maldição para seus inimigos. Não desejavam que se perdessem ou caíssem mortos. Em vez disso, diziam: "Que você permaneça em um único lugar para sempre". Que pensamento terrível!

***

Perguntas de reflexão para o líder consciente

Quando estou reunido com a minha equipe ou os meus colegas, o meu desejo é ser o especialista ou estar em aprendizado contínuo? Quantas vezes simplesmente paro para ouvir? Com que frequência faço perguntas? Quantas vezes admito que não entendi algo para que possa aprender? O que preciso fazer para mudar a minha atitude e me tornar um eterno aprendiz?

CAPÍTULO 10

Julgue a sua liderança pelo sucesso da sua equipe

"Quando os líderes são saudáveis, as pessoas que eles lideram tendem a ser saudáveis. Quando os líderes são desequilibrados, seus seguidores também são. As pessoas podem ensinar o que sabem, mas reproduzem o que são."

Quando eu tinha 20 e tantos anos, participei de uma conferência na qual Lee Roberson era o orador. Ele fez uma declaração durante uma palestra que me inspirou demais a ponto de mudar a minha vida. Roberson disse: "Tudo sobe ou desce nas mãos da liderança". Com isso, ele quis dizer que os líderes têm o poder de melhorar ou piorar as coisas para as pessoas que os seguem. Onde há bons líderes, a equipe melhora, o departamento ou divisão melhora, a organização melhora. E onde há líderes ruins, todos ao redor têm mais dificuldade para serem bem-sucedidos. A liderança torna cada iniciativa melhor ou pior.

No momento em que ouvi essa afirmação, entendi intuitivamente que era verdade. Essa declaração logo se tornou o meu lema. Tem sido uma grande inspiração e motivação para mim por mais de quarenta anos. Transformou-se na base *das 21 irrefutáveis leis da liderança*, incluindo a Lei do Limite, que afirma: "A capacidade de liderança determina o nível de eficácia da pessoa". E isso influenciou a minha forma de enxergar tudo o que acontece ao meu redor.

O LÍDER É RESPONSÁVEL

Quanto mais você entende de liderança, mais identifica como os líderes impactam as coisas ao redor. Alguns anos depois de ouvir a palestra de Roberson, assisti, juntamente com milhões de outros norte-americanos, ao debate entre Jimmy Carter e Ronald Reagan antes da eleição presidencial de 1980. A maioria das pessoas concordou que o debate havia girado em torno de uma pergunta que Reagan fez ao povo americano. Ele disse:

> Na próxima terça-feira, serão as eleições. Na próxima terça, todos vocês irão às urnas e tomarão uma decisão no local de votação. Penso que, ao tomar essa decisão, seria bom perguntar a si mesmo: "Você está melhor do que há quatro anos? É mais fácil para você comprar as coisas no supermercado do que há quatro anos? Há mais ou menos desemprego no país do que há quatro anos?". Se você responder sim a todas essas perguntas, creio então que fica bem óbvia a sua escolha e em quem você votará. Mas, se você não concorda, se não acha que esse rumo que seguimos nos últimos quatro anos é o que você gostaria de nos ver trilhar nos próximos quatro anos, então posso lhe sugerir outra opção de escolha.[1]

Por que esta pergunta — "Você está melhor do que há quatro anos?" — causou tanto impacto? Porque as pessoas entenderam

---

1 REAGAN, Ronald. Segundo debate presidencial com Jimmy Carter, candidato à reeleição, 28 de outubro de 1980. Disponível em: https://www.youtube.com/watch?v=loBe0WXtts8. Acesso em: 19 mar. 2021.

que a sua condição *pessoal* naquele momento era resultado de *quem* era o seu líder. Eles não estavam satisfeitos com a própria condição, então mudaram de líder. Foi isso que elegeu Reagan. E é por isso que eu digo que você deve julgar a sua liderança pelo sucesso da sua equipe. Como diz o especialista em liderança Max de Pree: "Os sinais de uma liderança excepcional se manifestam principalmente em meio aos seguidores".

> "Os sinais de uma liderança excepcional se manifestam principalmente em meio aos seguidores."
> — Max de Pree

As pessoas costumam atribuir o sucesso de organizações e equipes a muitas coisas: oportunidades, economia, pessoal, trabalho em equipe, recursos, acertar o momento, química, sorte. E, embora seja verdade que qualquer um desses fatores pode sim entrar em jogo, a única coisa que todas as boas organizações têm em comum é uma boa liderança.

Já reparou que, sempre que você vai a um novo médico, precisa preencher formulários e responder a uma série de perguntas? Embora possam parecer triviais ou irrelevantes, as questões mais importantes são aquelas relacionadas ao seu histórico familiar. Por quê? Porque a sua saúde física é em grande parte determinada pela saúde física dos seus pais. Se um dos seus pais tem doença cardíaca, diabetes ou câncer, há grande probabilidade de que um dia você também tenha. A sua saúde foi transmitida para você.

A liderança funciona de maneira semelhante. Quando os líderes são saudáveis, as pessoas que eles lideram tendem a ser saudáveis. Quando os líderes são desequilibrados, seus seguidores também são. As pessoas podem ensinar o que sabem, mas reproduzem o que são.

Certa vez, falei em uma conferência com Larry Bossidy, ex-CEO da Allied Signal (mais tarde Honeywell) e autor do livro *Execução: a disciplina para atingir resultados*.[2] Ele abordou essa dinâmica entre líderes e seguidores e falou sobre o importante papel que os líderes têm em relação a seu pessoal:

> O desenvolvimento de novos líderes é não só a chave para a lucratividade, mas também muito gratificante em termos de sentir que você deixou um legado, não uma mera demonstração de resultados. É comum ouvir a pergunta: "Como estou me saindo como líder?". A resposta está em como as pessoas que você lidera estão se saindo. Elas aprendem? Administram conflitos? Tomam a iniciativa de fazer mudanças? Quando se aposentar, você não vai se lembrar do que fez no primeiro trimestre de 1994. O que ficará na sua memória será o número de pessoas que você desenvolveu.

Os melhores líderes são extremamente intencionais quanto ao desenvolvimento de seu pessoal. Os líderes conscientes se concentram mais no sucesso dos membros de sua equipe e da organização do que em suas próprias realizações ou avanços pessoais. Se os membros individuais da sua equipe estão crescendo e melhorando e a sua equipe está ganhando, eles se consideram bem-sucedidos.

---

2 Rio de Janeiro: Alta Books, 2019. [N. do R.]

PERGUNTAS REVELADORAS A FAZER SOBRE OS MEMBROS DA EQUIPE

Earl Weaver, o ex-gerente do Baltimore Orioles, era conhecido por provocar e discutir continuamente com os árbitros. Uma das perguntas padrão que ele fazia aos árbitros logo no início das partidas era: "Vai melhorar, ou esse é o melhor que você sabe fazer?". Essa é uma pergunta que todo líder deveria se fazer. Por quê? Porque a atuação do líder impacta muito na *performance* da equipe. Líderes conscientes não esperam que os outros digam se eles são bem-sucedidos. Eles próprios fazem esse balanço. Caso queira avaliar como você está se saindo no papel de líder, procure responder às quatro indagações a seguir.

Pergunta nº 1: As pessoas da minha equipe estão seguindo a minha liderança?

Todos os líderes têm duas características comuns: em primeiro lugar, estão indo a algum lugar; em segundo, são capazes de convencer outros a ir com eles. Em um sentido muito prático, é a segunda característica que separa os verdadeiros líderes dos que apenas fingem sê-lo. Se alguém ocupa uma posição de liderança, mas não tem seguidores, pode até ser chamado de líder, mas não está de fato liderando. Não existe líder sem seguidores!

É importante observar que ter seguidores não torna alguém necessariamente um *bom* líder; apenas faz dele um líder. O pastor Stuart Briscoe conta a história de um jovem colega que oficiou o funeral de um veterano de guerra.

Os amigos militares do falecido queriam ter alguma participação no culto fúnebre, então pediram que o pastor os conduzisse até o caixão, ficasse com eles para um momento solene de lembrança e depois os encaminhasse até a porta lateral.

O jovem pastor fez exatamente isso. Só ocorreu um probleminha: ele escolheu a porta errada. Com precisão militar, conduziu os homens até um armário de vassouras. Todos do grupo então precisaram bater em retirada, apressados e confusos, à plena vista do restante dos enlutados.[3]

Quando um líder sabe para onde está indo e as pessoas *sabem* que o líder sabe para onde está indo, elas começam a desenvolver uma confiança saudável. Essa relação de confiança cresce à medida que o líder demonstra competência contínua. Cada vez que um bom líder faz os movimentos certos pelos motivos certos, o relacionamento se fortalece, e a equipe melhora.

Clarence Francis, que liderou a empresa General Foods nas décadas de 1930 e 1940, afirmou: "Você pode comprar o tempo de uma pessoa; você pode comprar sua presença física em determinado lugar; você pode até comprar um número estimado de seus movimentos musculares qualificados por hora. Mas não dá para comprar entusiasmo... Não dá para comprar lealdade... Não dá para comprar a devoção de corações, mentes ou almas. É preciso merecê-los".

Você, líder, nunca deve esperar lealdade dos outros antes de construir um relacionamento e conquistar confiança. Exigir isso logo de cara raramente funciona. A lealdade dos membros da equipe vem como uma recompensa para o líder que a conquista,

---

[3] BRISCOE, Stuart. *Everyday Discipleship for Ordinary People.* Colorado Springs: Scripture Press, 1988. P. 28 [em português: *Discipulado diário para pessoas comuns.* São Paulo: Vida, 1992].

não para aquele que por ela anseia. A disposição da equipe em seguir o líder não se baseia na posição, mas no desempenho e na motivação. Os líderes de sucesso colocam o bem de seu pessoal em primeiro lugar. Quando fazem isso, conquistam o respeito da equipe, que passa a segui-lo de bom grado.

Pergunta nº 2: Os membros da minha equipe estão mudando?

A segunda pergunta que você deve fazer para avaliar a sua liderança tem que ver com a disposição das pessoas da sua equipe de fazer mudanças em prol do progresso. Não há progresso sem mudança. O presidente dos Estados Unidos Harry S. Truman comentou: "São as pessoas que fazem a história, não o contrário. Em períodos nos quais não há liderança, a sociedade fica estagnada. O progresso ocorre quando líderes corajosos e habilidosos aproveitam as oportunidades a fim de mudar as coisas para melhor".

As equipes só são capazes de aproveitar as oportunidades quando seus membros estão dispostos a mudar, e o ônus de facilitar esse processo recai com peso maior sobre os líderes. Quando confiam nos líderes, os membros da equipe se mostram dispostos a segui-los rumo ao desconhecido com base na promessa de algo melhor. Líderes eficazes são agentes de mudança. Ajudam a criar um ambiente propício para que as pessoas escolham fazer as coisas de maneira diferente ou seguir uma nova direção.

Como os líderes promovem isso? Em primeiro lugar, eles inspiram os outros. Bons líderes inspiram seus seguidores a terem confiança *neles*. Líderes superiores inspiram seus seguidores a

> Bons líderes inspiram seus seguidores a terem confiança *neles*. Líderes superiores inspiram seus seguidores a terem confiança em *si mesmos*.

terem confiança em *si mesmos*. Essa autoconfiança eleva o moral das pessoas e lhes dá energia para fazer o tipo de mudança que as levará a progredir e melhorar sua condição.

Outra coisa que os líderes eficazes fazem para promover mudanças é criar um ambiente de expectativa. Jimmy Johnson, que levou o time de futebol americano da Universidade de Miami a vencer o campeonato nacional e o Dallas Cowboys a duas vitórias no Super Bowl, explicou a importância de criar o ambiente certo:

> O meu papel como treinador principal se resumiu a fazer três coisas. A primeira: reunir as pessoas comprometidas em serem as melhores. A segunda: dispensar as pessoas que não estavam comprometidas em serem as melhores. E a terceira e mais importante das minhas responsabilidades: criar uma atmosfera na qual elas conseguissem alcançar seus objetivos e os objetivos que definimos para a nossa equipe. Eu queria colocá-las no ambiente certo e delegar a responsabilidade para que pudessem ser sua melhor versão possível.[4]

As pessoas só se tornarão melhores se estiverem mudando. E é improvável que mudem, a menos que um líder eficaz esteja presente para ajudar a facilitar o processo.

Pergunta nº 3: Os membros da minha equipe estão crescendo?

A disposição para mudar por parte da equipe pode ajudar uma organização a melhorar, mas, para uma organização atingir seu

---

[4] JOHNSON, Jimmy. Disponível em: https://www.thelimbaughletter.com/the-limbaughletter/august_2017/MobilePagedArticle.action?articleId=1134899#articleId1134899. Acesso em: 19 mar. 2021.

potencial mais elevado, os membros da equipe precisam estar dispostos a fazer mais do que apenas mudar. Eles precisam continuar crescendo.

O escritor Dale Galloway afirma: "O crescimento e desenvolvimento de pessoas é o chamado mais nobre de um líder". Concordo em gênero, número e grau! Muito se fala, na comunidade empresarial, sobre encontrar e recrutar bons profissionais. Reconheço que isso é importante. Porém, mesmo que você encontre os melhores profissionais, se não os preparar, o seu concorrente que *está* focado no desenvolvimento das pessoas na organização dele logo passará à sua frente.

A responsabilidade pelo desenvolvimento das pessoas recai sobre o líder. E isso significa mais do que apenas ajudá-las a adquirir habilidades profissionais. Os melhores líderes ajudam seus liderados em mais do que o emprego; eles os ajudam em sua vida. Ajudam-nos a se tornarem *pessoas* melhores, não apenas funcionários melhores. E isso tem grande poder porque pessoas em crescimento geram organizações em crescimento.

Walter Bruckart, ex-vice-presidente da Circuit City, observou que os cinco principais fatores de excelência em uma organização são pessoas, pessoas, pessoas, pessoas e pessoas. Acredito que seja verdade, mas somente se você estiver ajudando essas pessoas a crescerem e alcançarem seu potencial. E isso nem sempre é fácil para o líder. Pode cobrar um alto preço. Como líder, o meu sucesso no desenvolvimento formativo de outras pessoas dependerá do seguinte:

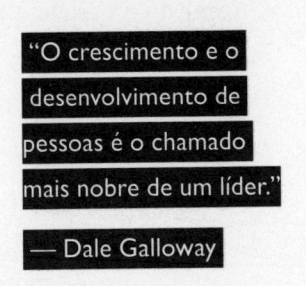

> "O crescimento e o desenvolvimento de pessoas é o chamado mais nobre de um líder."
> — Dale Galloway

- Alta valorização das pessoas — é uma questão de atitude.
- Alto compromisso com as pessoas — é uma questão de tempo.
- Alta integridade com as pessoas — é uma questão de caráter.
- Alto padrão para as pessoas — é uma questão de definição de metas.
- Alta influência sobre as pessoas — é uma questão de liderança.

Esses princípios fundamentais para o desenvolvimento de pessoas são ancorados pela crença de um líder nas pessoas. Se os líderes não acreditarem em seu pessoal, seu pessoal não acreditará em si mesmo. E, se eles não acreditarem em si mesmos, não vão crescer. Isso pode soar como um grande peso de responsabilidade para um líder, mas é assim que as coisas são. Se as pessoas não estão crescendo, é um reflexo do líder.

Pergunta nº 4: Os membros da minha equipe estão obtendo sucesso?

O técnico de basquete Pat Riley, que liderou dois times diferentes em campeonatos da NBA, comenta: "Penso que os instrumentos usados por um líder para avaliar se ele está ou não fazendo um bom trabalho são: (1) vitórias ou derrotas, (2) o resultado, (3) a análise visual subjetiva e objetiva de como os indivíduos estão melhorando e crescendo. Se as pessoas estão obtendo resultados melhores, creio que todo o produto está melhorando".[5] O ponto principal na liderança é sempre o resultado. Os líderes podem até impressionar os outros quando são bem-sucedidos, mas só conseguem de fato impactar os outros quando os membros de sua equipe têm sucesso. Se uma equipe, departamento ou organização não está sendo bem-sucedida, a responsabilidade recai sobre o líder.

Na minha experiência, tenho observado que as pessoas bem-sucedidas que não possuem o dom natural de liderança às vezes sentem dificuldade em fazer a transição de realizador para líder. Elas estão acostumadas a ter um desempenho de alto nível — realizando tarefas com excelência, cumprindo seus objetivos, obtendo conquistas financeiras — e avaliam seu progresso por essas coisas. Quando se tornam líderes, costumam esperar que todos tenham um desempenho semelhante ao nível que eles demonstravam e que sejam automotivados. E, se as pessoas de sua equipe não tiverem o desempenho esperado, perguntam: "O que há de errado com elas?".

Líderes eficazes pensam de forma diferente. Eles entendem que exercem um papel nas conquistas de seus seguidores e que seu sucesso como líderes é mensurado pelo desempenho de seu pessoal. Eles ajudam os outros a terem um desempenho de alto nível. Se eles olharem para as pessoas e perceberem

> Os líderes podem até impressionar os outros quando são bem-sucedidos, mas só conseguem de fato impactar os outros quando os membros de sua equipe têm sucesso.

---

[5] RILEY, Pat. "The Pat Riley Formula for a Winning Team", *Selling Power*, 2 de fevereiro de 2010. Disponível em: https://www.sellingpower.com/2010/02/02/3528/the-pat-riley-formula-for-a-winning-team. Acesso em: 19 mar. 2021.

que elas não estão seguindo, mudando, crescendo e sendo bem-sucedidas, perguntam: "O que há de errado comigo?" e "O que posso fazer de diferente para ajudar a equipe a vencer?".

Adoro ajudar outras pessoas a terem sucesso porque acho isso muito gratificante. Certa vez, recebi um bilhete de Dale Bronner, um líder talentoso de quem fui mentor. Ele escreveu:

> John, você agregou valor para mim ao me expor a coisas que eu não havia vivenciado até então, capacitando-me com recursos para expandir minha mente, ensinando-me princípios que servem como guias para minha vida e me abrindo um caminho por meio do qual posso prestar contas em um relacionamento de mentoreamento. John, você me deu um presente para minha mente, meu coração e minhas mãos. A soma de tudo isso me torna uma pessoa mais valiosa para servir aos outros.

Essa é a razão para liderar e mentorear outras pessoas. O sucesso deles é o meu sucesso. E quanto mais o tempo passa, mais gosto de ver os outros serem bem-sucedidos.

- - - -

A liderança tem o objetivo de elevar os outros. Peter Drucker observou: "Liderança é ampliar a visão de um ser humano para uma perspectiva mais elevada, aumentar o desempenho de alguém a um padrão mais elevado, desenvolver a personalidade de um indivíduo além de suas limitações costumeiras".[6] Em outras palavras, o que Drucker estava dizendo é: julgue sua liderança pelo sucesso de sua equipe. Se os homens e as mulheres que trabalham com você estão crescendo, melhorando, trabalhando juntos e vencendo, então você está indo bem como líder.

***

Perguntas de reflexão para o líder consciente

Qual é o nível de sucesso da minha equipe? De que forma devo assumir a responsabilidade por suas carências e como posso ajudá-los a melhorar? Como devo me tornar um líder melhor?

___

___

___

___

___

___

___

___

___

___

---

6 DRUCKER, Peter, citado em "You're No Leader — At Least Not Without Practice", *The Drucker Institute*, 23 de outubro de 2011. Disponível em: https://www.drucker .institute/thedx/youre-no-leader-at-least-not-without-practice/. Acesso em: 19 mar. 2021.

CAPÍTULO 11

Escolha a rota mais longa que conduz a uma liderança superior

"As pessoas conscientes entendem a realidade de que tudo o que vale a pena representa uma subida íngreme, e todos os caminhos para os lugares que mais desejamos são longos e exigem concessões."

Em 1995, enfrentei uma das decisões mais difíceis da minha vida. Fazia 26 anos que eu vinha trilhando uma carreira altamente bem-sucedida. Eu estava na melhor posição possível. Tinha 48 anos de idade e me encontrava no auge. A igreja que eu liderava era, na época, a principal da denominação e desfrutava uma boa reputação nacional. Eu era respeitado e exercia influência não apenas dentro da minha própria organização, mas também fora dela, em meio a outros líderes na minha profissão. Somado a tudo isso, eu morava em San Diego, Califórnia, uma das cidades mais bonitas dos Estados Unidos. Eu estava em uma situação ideal, tanto financeira quanto profissionalmente. Creio que poderia ter me estabelecido por lá e ficado até me aposentar.

Só havia um problema. Eu queria ir para o próximo nível como líder. Desejava alcançar e ajudar novos públicos de líderes tanto no âmbito nacional quanto internacional, mas percebi que não conseguiria fazer isso se permanecesse onde estava. A próxima etapa de crescimento exigiria que eu desistisse da minha função, buscasse oportunidades mais arriscadas e até me mudasse para outra parte do país. Eu precisava encarar e responder a uma pergunta crucial: "Estou disposto a desistir de tudo o que tenho para alcançar um novo nível de crescimento?".

A ESTRADA PARA UM NÍVEL SUPERIOR

Trata-se de uma pergunta que todo líder deve se fazer mais de uma vez em uma carreira de sucesso. Em *Leading Without Power* [Liderando sem poder][1], Max de Pree escreve: "Ao evitar riscos, acabamos arriscando o que é mais importante na vida — alcançar o crescimento, o nosso potencial e uma contribuição verdadeira para um objetivo comum".

Acredito que nós, seres humanos, somos tentados a sempre seguir o caminho mais rápido e fácil na vida. Não gostamos de esperar. Queremos gratificação instantânea. Mas as pessoas conscientes entendem a realidade de que tudo o que vale a pena representa uma subida íngreme, e todos os caminhos para os lugares que mais desejamos são longos e exigem concessões, ou seja, requerem que escolhamos uma coisa em detrimento de outra.

> "Ao evitar riscos, acabamos arriscando o que é mais importante na vida — alcançar o crescimento, o nosso potencial e uma contribuição verdadeira para um objetivo em comum."
> — Max de Pree

Comecei a aprender essa lição sobre perdas e ganhos quando criança. O meu pai costumava me admoestar dizendo: "Pague agora, brinque depois". Aliás, ele falava muito isso porque eu era uma pessoa que adorava brincar, mas

---

1 San Francisco: Jossey-Bass, 2003.

nunca queria pagar! O que ele estava tentando me ensinar era que eu deveria escolher realizar as coisas difíceis primeiro, para que pudesse aproveitar os frutos maiores dos meus esforços mais tarde. Aprendi com ele que todos pagamos na vida. Qualquer coisa que quisermos cobrará um preço de nós. A pergunta é: "Quando vamos pagar?". Infelizmente, quanto mais esperarmos para pagar, maior será o preço. É como juros compostos. Uma vida bem-sucedida consiste em uma série de escolhas sábias de fazer as coisas difíceis primeiro e adiar a gratificação. Na minha carreira, diversas vezes troquei segurança por oportunidade. Desisti do que muitos considerariam uma posição ideal a fim de poder crescer como líder ou causar maior impacto. Sempre tentei fazer as escolhas que, em última análise, levariam a um nível mais elevado de liderança.

Descobri que, quanto mais subimos na liderança, mais difícil é fazer concessões. Por quê? Porque temos muito mais a arriscar. As pessoas costumam contar histórias dramáticas sobre os sacrifícios que precisaram fazer no início da carreira. Mas a verdade é que a maioria de nós tinha muito pouco a perder no começo. A única coisa de valor que temos nos primórdios é o tempo. No entanto, quanto mais alto subimos e quanto mais conquistamos, menos queremos arriscar o que conquistamos. É por isso que muitos líderes escalam apenas uma parte da montanha de seu potencial e depois param. Chegam a um ponto em que não estão dispostos a abrir mão de algo para alcançar a próxima conquista. Como resultado, ficam estagnados — alguns deles para sempre. E, o que talvez seja ainda pior, acabam prejudicando os outros com a decisão de preservar o que têm. Um dos meus mentores, o escritor e consultor Fred Smith, afirmou:

Algo na natureza humana nos tenta a permanecer onde nos sentimos confortáveis. Tentamos encontrar um platô, um lugar de descanso, onde enfrentemos um grau confortável de estresse e desfrutemos uma condição financeira tranquila; onde tenhamos relacionamentos confortáveis com as pessoas, sem a intimidação de precisar conhecer gente nova e passar por situações estranhas. Claro, todos nós precisamos estabilizar por um tempo. Subimos e depois buscamos o platô para assimilação. Mas, assim que assimilamos o que aprendemos, devemos subir novamente. É lamentável quando fazemos a nossa última escalada. Quando isso acontece, estamos velhos, com 40 ou com 80 anos de idade.

Tenho 74 anos e, não sei quanto a você, mas nunca quero ficar velho desse jeito.

FAÇA ESCOLHAS MELHORES

Ao percorrer o caminho da liderança, sempre busquei tomar a melhor decisão quando chegava a uma encruzilhada. Por vezes, era o caminho mais longo e demorado, mas eu tinha certeza de que me permitiria alcançar um potencial mais elevado. Acredito que, se você fizer escolhas semelhantes ao longo da sua carreira, isso o tornará um líder melhor e o colocará em uma posição mais vantajosa para ajudar outras pessoas enquanto lidera.

1. Escolha realização em vez de afirmação

Quando iniciei a minha carreira, eu me preocupava em agradar os outros. Sentia necessidade de aprovação por parte dos meus seguidores, queria a admiração dos meus colegas e ser premiado pelos meus superiores. Era um viciado em afirmações. Mas elogios e louvores são como fumaça que desaparece depressa. Os prêmios viram ferrugem. E as recompensas financeiras são gastas rapidamente. Em algum momento, precisei fazer uma escolha: trabalharia para realizar tarefas dignas ou desperdiçaria a minha energia tentando criar uma boa imagem? Essa decisão me deu respeito próprio, fez que os outros me respeitassem e me tornou mais valioso como líder porque passei a ter mais para oferecer.

2. Escolha relevância em vez de segurança

Sucesso não significa simplesmente estar ocupado. O motivo: toda a dedicação na sua vida importa. Os grandes líderes da história foram grandes não por aquilo que possuíram ou ganharam, mas, sim, pela causa à qual entregaram a própria vida. Eles fizeram a diferença!

Ficar onde está pode lhe dar segurança, mas, se o que você está realizando não fizer diferença no mundo, nem agregar valor para as pessoas, nunca o satisfará. Quando faz um trabalho que realmente importa para você, ele o eleva. Confere-lhe um senso de propósito e satisfação que o torna uma pessoa e um líder melhor.

3. Escolha potencial futuro em vez de ganho financeiro

Uma das ironias da vida para mim é que nunca fui motivado por dinheiro, mas Margaret e eu acabamos nos saindo bem financeiramente. Por quê? Acredito que foi porque sempre estive disposto a colocar o potencial futuro à frente do ganho financeiro.

A tentação é quase sempre ir atrás do dinheiro. Mas isso remonta ao conselho do meu pai de pagar primeiro, brincar depois. Se você está disposto a se sacrificar financeiramente no *front* em nome da possibilidade de um potencial maior, quase sempre terá maiores chances de recompensas maiores — inclusive financeiras.

4. Escolha crescimento pessoal em vez de gratificação imediata

Se há algo com o qual a nossa cultura tem dificuldade, é a gratificação adiada. Se você observar as estatísticas de quanto as pessoas estão endividadas e quão pouco economizam, verá que a maioria de nós tende a buscar o prazer imediato.

Quando eu era jovem, a escola me entediava, e eu mal podia esperar para me formar. Eu adoraria largar os estudos, me casar com Margaret, a minha namorada do colégio, e jogar basquete. Mas, como queria ter uma carreira como líder, fui para a faculdade, me formei e esperei até a formatura para o casamento com Margaret. Foram quatro anos *muito longos*.

No Capítulo 9, "Torne-se o melhor aprendiz do pedaço", contei a minha experiência com Curt Kampmeier e como reconheci a importância do crescimento pessoal. Muitas vezes, Margaret e eu precisamos adiar ou sacrificar prazeres, conveniências ou luxos para buscar oportunidades de crescimento pessoal, mas nunca nos arrependemos. A minha dedicação ao crescimento é o que tem me permitido continuar liderando há mais de cinquenta anos.

5. Escolha foco em vez de análise adicional das possibilidades

Algumas pessoas gostam de ficar para lá e para cá. O problema com essa atitude superficial é que você nunca se torna bom de fato em nada. É verdade que, quando você é jovem, deve experimentar coisas novas — para identificar quais são os seus pontos fortes e interesses. Contudo, quanto mais velho você fica, mais focado deve ser. Só é possível ir longe se você se especializar em algo. Eu me concentro em liderança e comunicação. É o que eu faço de melhor.

Se você estudar a vida de grandes homens e mulheres, descobrirá que eles eram muito focados. Quais são as duas ou três coisas que você sabe fazer melhor do que todas as outras? Encontre-as e, assim que o fizer, dedique-se a elas.

6. Escolha qualidade de vida em vez de quantidade de vida

Confesso que tenho uma mentalidade do tipo "quanto mais, melhor". Se 1 é bom, 4 é melhor. Se alguém disser que é capaz de alcançar a meta de 20, eu o incentivo a chegar a 25. Quando dou uma aula de uma hora sobre liderança, quero transmitir tanto conteúdo que as pessoas tenham dificuldade de fazer anotações. Quero agregar o máximo de valor possível aos participantes.

Por causa dessa tendência natural, com frequência, vivi com bem pouca margem para descanso. Durante anos, a minha agenda era absolutamente lotada e eu dedicava pouquíssimo tempo para relaxar. Lembro-me de uma ocasião em que convidei o meu irmão para ir com a esposa me visitar, e Larry respondeu: "Não, você é ocupado demais. Se formos, não vamos nem conseguir vê-lo".

Certa vez, li que o presidente de uma grande editora procurou um sábio em busca de conselho. Depois de descrever o caos que era sua vida, esperou silenciosamente para ouvir algo de valor da parte do conselheiro. A princípio, o homem mais velho não disse nada. Simplesmente pegou um bule e começou a servir chá em uma xícara. E continuou servindo até o chá transbordar e se espalhar pela mesa.

— O que você está fazendo? — exclamou o empresário.

— A sua vida — respondeu o sábio — é como uma xícara de chá que está transbordando. Não há espaço para nada de novo. Você precisa derramar, e não absorver mais.

Para mim, tem sido muito difícil mudar a minha mentalidade de quantidade para qualidade. E, para ser franco, ainda estou trabalhando nisso. Ter sofrido um ataque cardíaco em 1998 sem dúvida me impactou nessa área. Assim como ter netos. Agora reservo mais tempo para aquilo que realmente importa na minha vida. Sugiro que você faça o mesmo.

7. Escolha excelente em vez de aceitável

É algo tão óbvio que quase nem é preciso dizer. As pessoas não pagam pelo mediano. Não se impressionam com nada que seja meramente aceitável. Os líderes não conseguem subir nas asas da mediocridade. Se vale a pena fazer algo, dê o seu melhor — ou é melhor nem fazer. Leva mais tempo para executar com excelência? Claro. Vai lhe custar mais? Sim. Mas você nunca se arrependerá de ter dado o seu melhor.

8. Escolha multiplicação em vez de adição

Quando as pessoas fazem a transição de realizadoras para líderes, aumentam demais o impacto que são capazes de causar. Trata-se de um salto significativo porque, como afirmo em *As 17 incontestáveis leis do trabalho em equipe*, um é um número muito pequeno para alcançar a grandeza. Existe, porém, outro salto que é mais difícil e tem significado ainda maior — a mudança da adição para a multiplicação.

Líderes que reúnem seguidores *adicionam* àquilo que são capazes de realizar. Líderes que desenvolvem outros líderes *multiplicam* suas habilidades. Como isso funciona? Para cada líder que eles desenvolvem ou atraem, ganham não só a potência daquele indivíduo, mas a potência de todas as pessoas que o líder influenciado lidera. O efeito multiplicador é incrível. Todos os grandes líderes, independentemente de onde ou quando lideram, são líderes de líderes. Para chegar ao mais alto nível de liderança, você precisa aprender a ser um multiplicador.

> Líderes que reúnem seguidores *adicionam* àquilo que são capazes de realizar. Líderes que desenvolvem outros líderes *multiplicam* suas habilidades.

9. Escolha segundo tempo em vez de outro primeiro tempo

No livro *A arte de virar o jogo no segundo tempo da vida*,[2] Bob Buford explica que a maioria das pessoas bem-sucedidas na primeira metade da vida tenta passar a segunda metade da mesma maneira. O que ele quer dizer é que elas alcançam um platô e depois repetem o primeiro tempo. Por quê? Porque é muito mais fácil se ater ao que é familiar.

Não caia nessa armadilha. Quando tiver a chance, escolha o seu segundo tempo. Não permita que aconteça uma mera reprise do seu primeiro tempo. Depois de alcançar sucesso, faça a transição para realizar algo *significativo*. Invista nas pessoas. Faça coisas que permanecerão depois que você se for. Se você está no primeiro tempo, continue pagando o preço para ter algo a oferecer no segundo tempo. Se você está no segundo tempo, faça a transição.

---

2 São Paulo: Mundo Cristão, 2005. [N. do R.]

VOCÊ ESTÁ DISPOSTO A ABRIR MÃO PARA SUBIR?

Ser um bom líder significa ser capaz de fazer boas escolhas não só para os membros de sua equipe, mas para as outras pessoas também. É preciso soltar uma coisa para conseguir pegar outra diferente. As pessoas naturalmente resistem a isso. Preferimos permanecer na nossa zona de conforto — escolhemos manter o que é familiar. Às vezes, as circunstâncias acabam nos obrigando a tomar uma decisão. Na maioria das vezes, porém, se quisermos fazer trocas positivas na vida, precisamos permanecer abertos a elas.

Durante a Guerra Civil, o exército solicitou ao presidente Abraham Lincoln que levantasse mais 500 mil recrutas para combater. Era uma ação que, sem dúvida, seria impopular junto ao público. Os conselheiros políticos de Lincoln recomendaram veementemente que ele recusasse, pois achavam que honrar o pedido significaria inviabilizar sua reeleição. Mas a decisão de Lincoln foi firme:

"Não é necessário que eu seja reeleito" — disse ele — "mas é necessário que os soldados da linha de frente recebam o reforço de 500 mil homens e eu os convocarei. Se eu cair por causa desse ato, cairei com toda convicção de que fiz o que era certo."

Lincoln é considerado um dos maiores presidentes dos Estados Unidos porque se mostrou disposto a fazer escolhas difíceis pelo bem das pessoas que liderava e servia. Esse é o tipo de atitude que todos os líderes devem possuir. Cada novo nível de crescimento que temos a esperança de vivenciar como líderes exige um novo nível de mudança. Não é possível ter um sem o outro. Se você quer ser um líder melhor, prepare-se para fazer algumas concessões.

***

Pergunta de reflexão para o líder consciente

Em que ponto estou atualmente trilhando o caminho mais curto ou mais fácil, em vez de tomar a decisão mais difícil que provavelmente ajudará a minha equipe ou me tornará um líder melhor no longo prazo?

CAPÍTULO 12

Dê o devido crédito aos outros pelo seu sucesso

"São os membros da equipe que fazem tudo funcionar. O trabalho do líder é ajudá-los a ter sucesso."

Em 1998, Jeffrey Katzenberg e a DreamWorks SKG produziram um filme de animação chamado *O Príncipe do Egito*. O filme era sobre Moisés, que cresceu no Egito como membro da família do faraó e acabou guiando os filhos de Israel para fora do Egito, livrando-os da escravidão. Enquanto o filme estava sendo feito, os produtores convidaram alguns líderes religiosos para uma consultoria. Tive o privilégio de ser um deles. A experiência foi reveladora para mim, pois pude observar um pouco do que acontecia nos bastidores durante a realização daquele filme.

Quando a data de estreia estava se aproximando, Margaret e eu tivemos o privilégio de receber um convite para assistir à grande estreia. Que noite emocionante! Foi repleta de risos e mensagens de parabéns. Sim, houve tapete vermelho, equipes de filmagem, mídia, entrevistas e estrelas de cinema. E, sim, Margaret e eu andamos pelo tapete vermelho e acenamos para a multidão — que nos ignorou solenemente.

Quando estávamos dentro do auditório e o filme começou, percebi como todos estavam concentrados. Sem dúvida, alguns dos presentes já tinham visto o filme completo, mas a maioria, como nós, estava assistindo pela primeira vez. E todos tinham uma pergunta em mente: "Como o filme ficou?".

Enquanto assistíamos, as pessoas expressavam reações positivas a coisas aparentemente insignificantes que um público de leigos não perceberia. Por quê? Porque eles estavam envolvidos nos detalhes. Foi uma experiência única, e Margaret e eu desfrutamos tanto essa perspectiva única quanto o filme em si.

Quando a exibição terminou, a multidão aplaudiu com entusiasmo e eu rapidamente me levantei para sair. Quem vai a um evento comigo sabe que gosto de ir embora cedo. Margaret logo me puxou de volta para o meu lugar; ninguém mais no auditório havia se mexido. Surpreendentemente, a empolgação aumentou quando os créditos começaram a rolar. Houve aplausos, nome após nome, e as estrelas do filme foram as principais animadoras da multidão, à medida que as muitas pessoas da equipe de apoio eram reconhecidas por sua participação vital no sucesso do filme.

Para as pessoas naquele cinema, os créditos não eram um mero monte de nomes aleatórios. Em vez disso, representavam pessoas que elas conheciam e com quem se importavam, as quais deram contribuições específicas para O príncipe do Egito. Sem esse pessoal, a conclusão bem-sucedida do filme não teria sido possível. Naquela noite, saí com a impressão de que todos foram valorizados porque todos eram valiosos. É preciso o empenho de muita gente para criar um sucesso. Trata-se também de um ótimo lembrete de que nós, líderes, precisamos dar crédito aos outros pelo nosso sucesso.

NÃO EXISTE LIDERANÇA SOLO

Penso que, às vezes, circula o equívoco de que os grandes líderes — sobretudo aqueles sobre os quais lemos na história — foram capazes de realizar grandes coisas, independentemente do tipo de ajuda que receberam de outras pessoas. Acreditamos que indivíduos como Alexandre, o Grande, Júlio César, Carlos Magno, Guilherme, o Conquistador, Luís XIV, Abraham Lincoln e Winston Churchill teriam sido grandes a despeito do tipo de apoio que obtivessem. Mas isso simplesmente não é verdade. Sem muita gente trabalhando em conjunto, não haveria pessoas bem-sucedidas. Os líderes conscientes reconhecem essa verdade.

> Sem muita gente trabalhando em conjunto, não haveria pessoas bem-sucedidas.

Dan Sullivan e Catherine Nomura escreveram no livro *The Laws of Lifetime Growth* [As leis do crescimento por toda a vida]:

> Apenas uma pequena porcentagem de pessoas é continuamente bem-sucedida no longo prazo. Esses poucos notáveis reconhecem que todo sucesso sobrevém por meio da ajuda de muitas outras pessoas — e são continuamente gratos por esse apoio. Em contrapartida, muitas pessoas cujo sucesso é interrompido em algum momento estão nessa posição porque se isolaram de todos que as ajudaram. Enxergam-se como a única fonte de suas realizações. À medida que se tornam mais egocêntricos e isolados, perdem a criatividade e a capacidade de ser bem-sucedidos. Reconheça continuamente as contribuições dos outros e

você automaticamente criará espaço em sua mente e no mundo para um sucesso muito maior. Você ficará motivado a realizar ainda mais por aqueles que o ajudaram. Concentre-se em apreciar e agradecer aos outros, e as condições sempre crescerão para apoiar seu sucesso crescente.[1]

Se você deseja ser um líder de sucesso, precisará do apoio de muitas pessoas. E, se for sábio, irá apreciá-las e reconhecê-las, creditando a elas o seu sucesso.

AJUDA DE PESSOAS À MINHA FRENTE

> A sua equipe só irá progredir depois que o seu pessoal o estiver apoiando integralmente, e isso não vai acontecer se você levar todo o crédito.

Nos primeiros anos da minha jornada de liderança, eu sempre me perguntava: "O que eu sou capaz de realizar?". O meu foco estava muito em mim e no que *eu* era capaz de fazer. Não demorou muito para eu descobrir que o que eu era capaz de realizar por conta própria era bastante insignificante. Quem depende só de si para vencer não chega muito longe. Rapidamente mudei a minha pergunta para: "O que sou capaz de realizar *com os outros*?". Percebi que só alcançaria sucesso se os outros me ajudassem, e eu os ajudasse também. A sua equipe só irá progredir depois que o seu

---

[1] SULLIVAN, Dan; NOMURA, Catherine. *The Laws of Lifetime Growth: Always Make Your Future Bigger Than Your Past. S*an Francisco: Berrett-Koehler, 2006. P. 43 [em português: *As 10 leis do crescimento pessoal: Faça o seu futuro maior que o seu passado e dê sentido à sua vida.* Rio de Janeiro: Best Seller, 2006].

pessoal o estiver apoiando integralmente, e isso não vai acontecer se você levar todo o crédito.

Quando olho para todas as pessoas que me ajudaram ao longo dos anos, percebo que elas se dividem em dois grupos principais: mentores e apoiadores. Seguem alguns fatos interessantes sobre os mentores.

Alguns mentores que nunca me conheceram me ajudaram

Não consigo nem contar o número de mentores que jamais conheci pessoalmente. Como isso é possível? Eles me ensinaram por meio dos livros que escreveram ou de biografias escritas sobre eles. Alguns atravessaram o tempo para me instruir, e seu legado permanece vivo em mim.

Alguns mentores que me conheceram nunca souberam que me ajudaram

Muitas pessoas foram mentores inconscientes, servindo como modelo de princípios de liderança e sucesso que pude aplicar na minha experiência. Eu os observei e aprendi muitas das coisas que agora agregam valor à minha vida. Quando tenho a oportunidade, fico feliz em expressar a minha gratidão a esses mentores involuntários.

Alguns mentores me conheciam e sabiam que me ajudaram

Muitas pessoas têm sido intencionais em me ajudar. Algumas delas me colocaram sob sua proteção quando eu não fazia ideia de quanto não sabia sobre a vida. Outros me viram como líder iniciante e me guiaram. Ainda hoje, alguns continuam me ajudando a aguçar o pensamento e a melhorar como líder. A maioria das coisas boas que me acontecem são resultado direto do compromisso deles em me agregar valor.

AJUDA DAS PESSOAS AO MEU LADO

Embora, com frequência, os mentores na minha vida tenham se aproximado de mim para me levar até onde eles se encontravam, os apoiadores muitas vezes me levantaram e me tornaram melhor do que eu era por minha própria conta. Ao pensar em todos os diferentes tipos de pessoas que assumiram esse papel e continuam a desempenhá-lo, reconheço que a maioria delas se enquadra em uma entre várias categorias. Vou listá-las porque também pode ser útil para você identificar os tipos de pessoas que o auxiliam:

- **Quem me ajuda a economizar tempo** — apoiadores que economizam o meu tempo
- **Quem me complementa com seus dons** — apoiadores que fazem coisas para as quais não tenho dom
- **Parte do time** — apoiadores que agregam valor para mim e para a minha equipe
- **Pensadores criativos** — apoiadores que resolvem problemas e me dão opções
- **Fechadores de portas** — apoiadores que concluem as tarefas com excelência
- **Desenvolvedores de pessoas** — apoiadores que desenvolvem e elevam outros líderes e produtores
- **Líderes servidores** — apoiadores que lideram com a atitude certa
- **Ampliadores da mentalidade** — apoiadores que expandem o meu pensamento e o meu espírito
- **Formadores relacionais da rede de contatos** — apoiadores que trazem outras pessoas para a minha vida, as quais, por sua vez, agregam valor para mim

- **Mentores espirituais** — apoiadores que me encorajam na minha caminhada de fé
- **Quem me ama incondicionalmente** — apoiadores que conhecem os meus pontos fracos, mas me amam incondicionalmente.

Sou muito grato a essas pessoas. Eu as respeito, valorizo e aprecio. Jamais conseguiria alcançar sucesso sem elas, e deixo os meus atuais apoiadores saberem disso diariamente. Um provérbio chinês diz: "Por trás de um homem capaz sempre há outros homens [e mulheres] capazes". Isso certamente é verdade na minha vida.

A VISÃO DEPENDE DOS OUTROS

Já tive muitos sonhos grandes na minha vida. Mas Deus nunca me deu um que eu pudesse realizar sozinho. E, como os meus sonhos são sempre maiores do que eu, só tenho duas opções: desistir ou pedir ajuda! Escolho pedir ajuda. Tenho a bênção de ser apoiado pelas equipes da John Maxwell Company, da EQUIP, do John Maxwell Team e da John Maxwell Leadership Foundation (JMLF).

Aos 74 anos, continuo correndo atrás dos meus sonhos com a ajuda de outras pessoas. Atualmente, a JMLF está trabalhando em muitos países ao redor do mundo, formando facilitadores para sediar Mesas de Transformação e ensinando valores a centenas de milhares de pessoas em um esforço para agregar valor e ajudá-las a ter uma vida melhor. Milhares de *coaches* do John Maxwell Team dedicam seu tempo como formadores e pagam as próprias despesas de viagem até esses países. Eles estão

> "Por trás de um homem capaz sempre há outros homens [e mulheres] capazes."
> — Provérbio chinês

fazendo a diferença e ajudando outros a mudar seu mundo. Eles e a minha equipe são os merecedores de todo o crédito. Qualquer sucesso que obtivermos será devido a seus esforços.

E o mesmo é verdade para todos os líderes, sejam eles dirigentes de corporações gigantes, proprietários de pequenos negócios, administradores de organizações sem fins lucrativos ou líderes de uma pequena equipe. São os membros da equipe que fazem tudo funcionar. O trabalho do líder é ajudá-los a ter sucesso.

Quando entendemos isso, devemos expressar gratidão. A verdade é que o sucesso aumenta quando outros se juntam à nossa causa. Os seguidores tornam os líderes possíveis. Bons seguidores possibilitam a existência de bons líderes. Se você nunca aprender essa lição como líder, os membros da sua equipe ficarão ressentidos, e a sua equipe nunca alcançará o nível mais alto de sucesso. Mas, se der o crédito aos outros, você se tornará um líder melhor e liderará uma equipe melhor. As pessoas sempre apreciam trabalhar para alguém que as aprecia.

***

Perguntas de reflexão para o líder consciente

Dou aos membros da minha equipe o máximo de crédito possível ou tento ficar com parte do crédito para mim mesmo quando somos bem-sucedidos? Como posso mudar a minha atitude e expressar gratidão e apreço por eles todos os dias?

Conclusão

À MEDIDA QUE A SUA CONSCIÊNCIA aumenta e você ganha experiência como líder, compreende cada vez mais que a liderança não gira em torno de você. Em vez disso, diz respeito à sua equipe e a ajudar cada um de seus membros a cumprir sua missão.

Bons líderes são facilitadores do sucesso. Usam seus talentos e sua influência a fim de abrir caminho para os membros de sua equipe e ajudá-los a ter sucesso. Os líderes conscientes nunca fingem ser perfeitos, ter todas as respostas ou prescindir de pontos fracos. Eles usam todos os pontos fortes que possuem para ajudar a equipe. E pedem a outros que os ajudem em suas áreas mais fracas. Juntos, eles avançam.

À medida que adota e pratica as lições deste livro, a minha esperança é que você se torne melhor em se conhecer, liderar a si mesmo e interagir com os membros da sua equipe. Embora a consciência seja uma jornada vitalícia, a cada passo que você der rumo a um maior conhecimento a respeito de si mesmo, mais capacitado estará para alavancar os seus pontos fortes e a se concentrar no desenvolvimento de um estilo de liderança que se adapte a quem você é. Quando você tem confiança para ser você mesmo e permite que os membros da sua equipe sejam eles mesmos, juntos vocês podem se tornar a equipe que sempre foram destinados a ser.

Bibliografia

ABRASHOFF, Michael. *Este barco também é seu: práticas inovadoras de gestão que levaram o USS Benfold a ser o melhor navio de guerra da Marinha americana.* São Paulo: Cultrix, 2006.

BLANCHARD, Ken; JOHNSON, Spencer. *O gerente-minuto.* Rio de Janeiro: Record, 1985.

BOSSIDY, Larry. *Execução: a disciplina para atingir resultados.* Rio de Janeiro: Alta Books, 2019.

BRISCOE, Stuart. *Discipulado diário para pessoas comuns.* São Paulo: Vida, 1992.

BUCKINGHAM, Marcus; CLIFTON, Donald O. *Descubra seus pontos fortes.* Rio de Janeiro: Sextante, 2017.

BUFORD, Bob. *A arte de virar o jogo no segundo tempo da vida.* São Paulo: Mundo Cristão, 2005.

ELLIOT, Elizabeth. *All That Was Ever Ours: Meditations on Faith and Character.* Ada, Michigan: Revell, 1988.

FOSTER, John. *Decision of character and other essays in a series of letters.* London: Hansebooks, 2019.

GLADWELL, Malcolm. *Blink: a decisão num piscar de olhos.* Rio de Janeiro: Sextante, 2017.

HESSELBEIN, Frances. *Hesselbein on Leadership*. New Jersey: Wiley & Sons, 2002.

LANGE, Jim. *Bleedership: Biblical First-Aid for Leaders*. Mustang, OK: Tate, 2005.

MAXWELL, John C. *As 17 incontestáveis leis do trabalho em equipe*. Rio de Janeiro: Thomas Nelson Brasil, 2016.

MAXWELL, John C. *As 21 irrefutáveis leis da liderança*. Rio de Janeiro: Thomas Nelson Brasil, 2013.

MAXWELL, John C. *Como liderar quando seu chefe não pode (ou não quer)*. Rio de Janeiro: Thomas Nelson Brasil, 2020.

MAXWELL, John C. *Vencendo com as pessoas*. Rio de Janeiro: Thomas Nelson Brasil, 2016.

PENICK, Harvey. *O pequeno livro vermelho de golfe: lições e ensinamentos de uma vida dedicada ao golfe*. Rio de Janeiro: Nórdica, 1992.

PREE, Max de. *Leading Without Power: Finding Hope in Serving Community*. San Francisco: Jossey-Bass, 2003.

SAMPLE, Steven B. *The Contrarian's Guide to Leadership*. San Francisco: Jossey-Bass, 2009.

SULLIVAN, Dan; NOMURA, Catherine. *As 10 leis do crescimento pessoal*. Rio de Janeiro: Best Seller, 2006.

TOLER, Stan; GILBERT, Larry. *Treinadores de líderes: desenvolvendo equipes ministeriais eficazes*. Rio de Janeiro: CPAD, 2015.

WARREN, Rick. *Uma vida com propósitos*. São Paulo: Vida, 2003.

WOOLFE, Lorin. *Liderança na Bíblia: de Moisés a Mateus — Lições e práticas de liderança que ensinam, inspiram e iluminam*. São Paulo: M. Books, 2021.